가족, 그 소중함을 위하여

가족이란 말만 들어도 눈물이 납니다

가족,
그 소중함을
위하여

든든한 가족과 함께 하니 두려울 게 없다
오늘, 지금 당장 행복하자!

김길동 지음

마음시회

책을 내면서

'가족'이란 말만 들어도 눈물이 납니다.
내 모든 겸손과 눈물을 다 바쳐 죽도록 사랑하고 위해줘야 할 이들이
그들이기 때문입니다.

가난한 가정에 시집와서 40여 년을 살면서 하루도 빠짐없이 남편에게 꿈과 희망을 넉넉히 심어주며 잘 내조하고 보필해 주었으며, 귀할수록 넓게 배우고 바르게 행하기를 가르쳐 군 제대와 동시에 넓은 세상을 경험하라고 아들을 미국으로 보내서 지금은 재미 사업가로 당당하게 자리 잡게 응원하고 격려했으며, 딸은 한국에서 박사 과정의 남편을 보필하며 자신의 뜻을 펼쳐가게 모든 뒷바라지를 다해 준 아내에게 감사와 고마움의 뜻을 가득 담아 공손하게 이 책을 바칩니다.

세상에서 가장 아름다운 한 단어를 고르라면 저는 주저 없이 망설이지 아니하고 바로 '가족'이란 단어를 꼽겠습니다. 자기 목숨보다 소중한 게 가족이고, 가족을 위해서라면 물속이고 불속이고 뛰어드는 게 우리들의 진정한 사랑의 표현입니다. 이런 세상에서 제일로 소중한 가족공동체가 경제위기인 IMF를 거치면서 수도 없이 와해되고 해체되었으며, 최근에는 코로나 팬데믹으로 인해 소리 없이 가정이 깨지고 가족이 헤어지는 것을 보며 너무너무 가슴이 저립니다.

이제는 우리도 중진국을 넘어서 선진국에 접어드는 세계 10위권의 경제대국이 되었습니다. 이런 때 새롭게 정립되어야 할 관계가 가족공동체가 아닌가 생각합니다. 우리 삶의 궁극적인 목적인 '행복'을 위해서 어찌해야 할지? 돈이 많다고, 지위가 높다고, 친구가 많다고, 지식이나 학위가 높다고 행복하냐면 절대로 그렇지가 않으며 결론은 가족이 행복해야만 진정한 행복을 누리며 살게 됩니다.

그렇다면 가족이 행복하려면 어떻게 해야 할까요? 가정마다 다소 차이는 있겠지만 진정한 겸손과 눈물로 가족을 먼저 생각하고 위해주고 의견이 다를 경우에는 무조건 지면서 사는 게 최선의 가족 행복의 첩경이랍니다. 아내에게, 아들에게, 딸에게, 며느리에게, 사위에게, 심지어는 손주에게도 지고, 부모에게 형제에게, 자매 모두에게 지고 살면 아무리 창 낮은 집에서도 웃음꽃이 활짝 피게 됩니다.

70을 넘기면서 산전수전 다 겪고 나서 뒤늦게나마 간단하고 아름다운 이 방법을 발견한 게 저의 일생 최고의 기쁨이며 감사이며 은혜입니다. 이 책이 발간되어 단 한 가정만이라도 구원하면 성공이라고 생각하며 용기를 내봤습니다. 아무쪼록 이 책을 읽는 모든 분들에게 좋은 일이 가득하시길 기도합니다.

2022년 새봄 김길동

책을 내면서 5

1장 오직 사랑으로

가족, 그 아름다운 이름을 위하여 / 12
오직 사랑으로 / 17
특별히 친하셨던 아버님과 장인어른 / 24
3대에 걸쳐 깊은 우정을 나누게 하신 두 분 아버님께 감사드립니다 / 28
신부님, 총장 신부님, 그저 바라만 봐도 좋습니다 / 32
그리운 두 분 어머님 / 36
어머니가 되어주세요 / 42
세상에서 최고인 우리 장모님! / 52
아버님이 가르쳐 주신 아내 사랑, 남편의 길 / 58
딸을 위한 기도, 엄마를 위한 기도 / 64
참으로 고우신 시인의 어머니 / 68
장모님의 따뜻하고 겸손하신 당부 / 72
50년의 감사기도 / 78

2장 눈이 부시게

아들아, 젊은이들의 희망이 되어라 / 86
나의 예쁜 딸, 모든 여성들의 희망의 불씨가 되어라 / 91
아들아, 성공을 하려면 좋은 아내를 얻어야 한단다 / 96
요정 같이 예쁘고 착한 며늘아기 참으로 고맙다 / 104
착한 이 서방, 참으로 고맙네 항상 따뜻한 사람이 되시게 / 109
아내의 손편지 / 113
오래된 고향 편지 / 118
형제란? / 127
아들아, 더 감사하고 겸손하자 / 133
올 한 해를 돌아보니 모든 분들께 감사한 일뿐입니다 / 138

3장 아름다운 어깨동무

사랑의 쓰리쿠션 / 144
죽어도 잊지 못할 고마운 친구에게 이 편지를 드립니다 / 150
아름다운 어깨동무 / 155
라일락 꽃이 피면 / 160
봄날은 간다 / 166
세상을 따뜻하게 데워주는 고맙고 반가운 내 친구들 / 170
세계적인 저음가수 남일해 형님은 참으로 따뜻했습니다 / 175
따뜻한 밥 한 끼 / 180
문화와 예술의 도시, 대구에서 아름다운 시화전이 열립니다 / 186
'큰 언덕' 대구는 참으로 따뜻했습니다 / 191

4장 세상을 비추는 한줄기 빛

참으로 고마우신 미술선생님들께 / 198
5월이면 생각나는 이근우 회장님 / 202
보훈의 달 6월에 돌아보는 행복했던 나의 군대생활 / 207
고향, 그 아름다운 곳! 경북 청도를 위하여 / 211
아카시아 향기를 가득 담은 이 편지를 서찬수 박사님께 드립니다 / 214
별처럼 빛나는 재능기부 / 218
임종식 경북 교육감님께 감사의 인사를 드립니다 / 221
그해 여름, 불행을 행복으로 바꾸려는 모든 분들을 위하여 / 225
3천 번의 감사인사 / 229

1장

오직 사랑으로
-가슴으로 부르는 이름들

가족,
그 아름다운
이름을 위하여

계절이 바뀌고 추석이 돌아오니
'가족'이란 그 아름다운 이름을
가장 먼저 떠올리게 됩니다.

우리 가족은 부모님과 2녀 5남의 대가족으로
가지 많은 나무처럼 하루도 바람 잘 날이 없었습니다.
그 중에서도 급한 성격에 좌충우돌하는 차남인 제가
항상 걱정을 끼쳤지요. 오죽했으면 편찮으신 어머님께서,
"제발 너는 나중에 장가가면 무조건 아내 말을 잘 들어라."
유언처럼 당부를 하셨겠습니까.

그런데 항상 믿는 도끼에 발등 찍히듯
형제 중 가장 온순하고 말 잘 듣던 셋째가
2년의 해외근무를 마치고 귀국하더니
성격 차이로 이혼을 하겠다고 폭탄선언을 했습니다.
그야말로 6·25는 난리도 아닌 듯한 난리가 났지요.

아버님께서 무슨 수를 써서라도
이혼은 막으라고 엄명을 내리셔서
저는 꼬박 2주 동안 동생을 만나 설득을 했습니다.
그렇게 한동안 잠을 못 잤더니 새벽에 쓰러져
잠실병원 응급실로 실려 갔습니다.
정신을 차리고 보니 열이 거의 40도에 가까워서
옷을 다 벗기고 알코올로 목욕을 시키고 있었습니다.

극심한 스트레스로 인한 이상 고열 상태로
급히 입원을 했습니다.
제가 입원해 있는 동안 동생은
합의이혼 수속을 마치고 호적까지 정리하고 찾아왔습니다.
"형님, 죄송해요. 서류정리 끝내고
아기는 시골 아버님께 데려다 주었어요."

"그래, 알았다. 내일 퇴원하니까 주말에 아이 보러
시골에 가보자. 제수씨는 어디 계시냐?"
"부산의 처남 집으로 간다고 했어요."
큰누님이 중매하고 큰누님과 한 동네에 사시는
사돈어른께 그나마 다행이었습니다.

갓 두 돌 지난 천사 같은 질녀가
시골의 옛날 집에서 씻지도 않고 자는 모습을 보고
동생도 울고, 나도 울고 부모님도 울어서 울음바다가 되었지요.
동생과 매주 시골에 가며 당부했습니다.
"아기를 위해서라도 다시 합쳐서 살아라.
그 길이 최선이다."
그렇게 6개월 만에 동생이 말해왔습니다.
"아무래도 아기 때문에 다시 합쳐야겠어요.
어떻게 하면 좋을까요?"
"결정 잘했다. 우선 사돈어른께 가서 용서를 구하고
바로 부산 가서 제수씨를 모셔오너라. 백배 사과하고
혈서를 쓰라면 쓰고라도 꼭 모시고 오너라."
그렇게 해서 동생 부부는 다시 합쳤습니다.
아버님께서 우리 집 가까이 동생 집을 구해서

아내와 저에게 다 큰 동생 잘살게
모든 편의를 다 제공하라고 하셔서
서로 가까이 살며 더 재미나게 잘 살았습니다.

아버님께서는 서울에 오시면
큰집에서 하룻밤 주무시고는 우리 집에 오셔서
보름 정도 계시면서 아이들도 봐주시고
며느리와 시장도 같이 다니셨어요.
그리 하신 이유가 알고 보니
제가 아내에게 잘하는지를 살피려고 그러셨답니다.

딸 둘 아들 다섯을 잘 키우신 아버님께서 살아 계실 때는
추석 때 성묘 다녀와서는 마당에 꼴을 깔아 놓고
아들 다섯을 씨름을 붙여서 1등하는 아들에게
거금을 주시기도 하셨습니다.
특별히 자식들에 대한 정 많은 부모님들의 기도의 덕분에
모두가 건강하게 잘 살았다는 생각이 듭니다.

한평생 기도로 살아오신 아버님의 임종 때는
다섯 아들, 다섯 며느리와 돌아가신 큰누님만 제외하고

딸 하나 사위 둘까지 다 도열시키시고, 동네 사는
사촌 팔촌까지 임석시켜 편안하게 영면하셨으니
5일장의 장례식이 음력 9월17일이라
가을날의 축제같이 잘 치렀답니다.

내년이면 어머님 소천 50주년,
아버님 소천 30주년이라 부모님 은혜에 감사하여
슬하의 45명의 '가족', 그 아름다운 이름의 식구들을
모두 한자리에 소중히 모셔 극진한 대접을 하려고 합니다.
좌충우돌 천방지축으로 살아온 지난 세월을 돌아보면
가족보다 더 소중한 게 없다는 생각이 듭니다.
가을이고 추석이 돌아오니
옛날 생각과 부모님 생각이 많이 납니다.

오직 사랑으로

시골 촌뜨기인 제가 서울에 처음 온 건
1965년 12월 중학교 입학시험을 치르기 위해서였습니다.

서울에서 직장에 다니시던 형님과 누님께서
동생을 서울로 유학을 시켜주겠다며
서울의 중학교에 시험을 보게 하셨지요.
누님이 세 들어 살던 주인댁의 사장님께서
한남동에 있는 단국중학교 재단이사장의 친구 분이라
주인집 아들도 단국중학교에 다니니까 저에게도
그 학교에 시험을 보라고 했었답니다.

설레고 좋아서 일찌감치 원서를 접수하였더니
접수 번호가 3번이었습니다.
아무리 서울에 수재들이 많다지만 300명도 더 뽑는데
시골에서 62명 중 1등을 한 나인데 합격을 못하겠나 싶어서
당당하게 시험을 보고서도 은근히 걱정이 되더군요.
발표 당일, 떨리는 마음으로 합격자 벽보를 보았더니
앞 번호 1, 2번은 떨어지고 3번은 당당하게
합격자 명단에 들어 있었습니다.

합격증과 등록구비서류를 다 받아서
누님과 주인댁 사모님께 갖다 드리며
입학금과 1년 하숙비까지 지급하여 등록을 부탁했습니다.
저는 입학식 전날 오겠다고 인사하고 고향으로 향했지요.

입학식이 있는 3월, 저는 다시 서울로 왔습니다.
그런데 입학식 날 함께 가기로 한 주인집 사장님께서
해가 져도 오지를 않으시기에 왜 도대체 안 오시냐고
울고불고 난리를 쳤더니 다음날 오셔서 함께 학교를 갔습니다.
저는 밖에 세워두고 혼자서 교무실에 다녀오시더니,
일이 바빠서 기한 내 등록을 못하고 추가 등록하였다며

학교에서 연락이 올 거라고 하셨습니다.

1주일이 지나도, 1달이 지나도, 2달이 지나도
도무지 연락이 오지를 않아서
몰래 학교에 직접 찾아가서 확인했더니
합격은 했지만 등록을 하지 않아 합격이 취소되었다고 하더군요.

청천벽력 같은 이야기를 누님과 함께 주인집사모님께
도대체 어떻게 된 거냐고 따졌더니
사장님께서 회사가 부도나서 피해 다닌다고
등록을 못했으니 내년에 시험 봐서 다시 입학하자고 말씀하셨습니다.

그럭저럭 방학은 다가오고
방학 때는 부모님이 계시는 시골로 가야했으므로
아버님께 솔직하게 등록을 못해서 학교를 못 가고 있다고
편지를 보냈더니 아버님께서 당장 고향으로 내려와서
내년에 시골 풍각중학교에 시험을 보라고 하셨지요.
"내년부터는 성적우수자 5등까지는 전면 장학생을 뽑는다고 하니까
반 학기 쉬었지만 당당하게 도전해서 5등 안에 꼭 들어라."
다음날로 바로 시골로 간다고 얘기하고 아무 미련 없이

청운의 꿈을 접고 서울을 떠났습니다.
시골에 도착하여 신작로까지 마중 나오신 아버님을 보는 순간
왜 그리 눈물이 나던지요.

아버님 품에 안겨 엉엉 울었습니다.
"아버님, 죄송해요."
아버님께서 오히려 저를 다독이셨습니다.
"아니다. 모두 어른들의 잘못이야. 어른들의 잘못으로
아이들이 상처 받는 일은 절대로 없어야 하는데.
모두가 내 잘못이구나."
그때 아버님의 품은 너무나 따뜻했습니다.

2학기부터 한 해 후배들과 6학년 수업을 다시 받으면서
어떻게 해서든지 아버님의 체면을 살려드리고
학교의 명예를 빛내야겠다는 생각으로 열심히 공부했습니다.
당시 청도군의 풍각중학교는 공립이라
인근 6개 초등학교 공부 잘하는 학생들은 다 모이는
인기 중학교였습니다.

시험 보는 날,

늘 긍정적인 아버님께서 용기를 주셨습니다.
"너는 틀림없이 5등 안에 들 테니까 걱정 말고
평소처럼 잘하고 오너라."
아버지는 왜 그렇게 확신을 하셨을까요?
지금도 의문이랍니다.

다행히 결과는 합격!
남자 2반 120명, 여자 1반 60명 중에 4등으로 합격하여
장학생 5명 안에 당당하게 들었습니다.
합격자 발표를 보고 나서 아버님께서 꼭 안아주셨습니다.
"아들아, 세상을 살다보면 언제 어떤 일을 당할지 모른다.
그때마다 절대 낙심하지 말고 헤쳐 나갈 방법을 생각해라."
그 말씀을 아직도 가슴 깊이 새기고 있습니다.

장학생 합격 축하로 영풍루 중국집에서
짜장면을 사 주시면서 또 하나의 미션을 주시던 아버지.
"내년엔 네 동생도 입학하니까, 네가 2학년으로 올라갈 때
전교에서 1등을 하면 둘이 같이 타고 다니게 자전거를
한 대 사주마. 어때, 도전해 볼래?"
그때의 자전거 한 대는 요즘으로 치면

거의 자동차 한 대와 맞먹습니다.
그 빅이벤트가 사나이의 가슴에 불을 댕겼습니다.

요즘말로 당장 "콜"하고 싶었지만 기대가 크면 실망도 큰 법이라
"저는 최선을 다하겠지만 동생한테 중학교 입학선물로
자전거 한 대 사준다고 하세요."
내심으로는 1등을 한 성적표를 부모님께 안겨드려서
조그만 효도라도 꼭 하고 싶었답니다.

공부하는 동안에 늘 바느질과 뜨개질과 기도로
나를 응원해 주신 어머님의 기도 덕분으로
정말 1학년 말 성적이 전교 1등!
그 덕분에 학생의 날 기념으로 전교생 한 명에게 주어지는
당시 경상북도 김판영 교육감의 선행상도 받았답니다.

동생을 자전거 뒷자리에 태우고 쏜살같이 달려서
5킬로미터가 넘는 길을, 어머님이 부엌에서 데워주신
운동화가 식기도 전에 도착하여
동생 먼저 내려주고 교실에 들어오면
거의 1등으로 등교를 했답니다.

지금도 그 동생은 유능한 전기 기술자가 되어
우리나라의 큰 빌딩과 병원들의 신축 전기소장을 지내면서
지금까지 최고로 행복했던 때가 형이랑 함께
자전거 통학할 때라고 하면서 때때마다
귀하고 좋은 선물들은 모두 가져와서
그때의 고마움을 전하고 있어요.

저는 참으로 운이 좋아요.
좋은 부모님, 좋은 형제들, 어진 아내, 착한 자녀들 덕분에
눈만 뜨면 "하나님, 감사합니다."로 하루를 시작합니다.
사랑을 원 없이 베풀어 주신 어머님의 소천 50주년을 맞이하여
뒤돌아보니 모두가 사랑으로 키워주셨다는 것을 느낍니다.

특별히 친하셨던 아버님과 장인어른

내가 제대를 하고 대기업에 입사하자마자
주말에 무조건 내려오라는 아버지의 전화가 있었습니다.
무슨 급한 일인가 해서 바로 내려갔더니,
꼭 맘에 드는 신붓감을 봐두었으니 내일 같이 가자는 겁니다.
"어디 사는 누군데요?" 했더니, "각남 사는 한훤당 김굉필선생
종손의 장녀인데 집안도 명문가에 양친부모가 양반이시고
집안도 넉넉하니 최고의 규수." 라고 하시면서,
"내 말만 들어주면 너는 평생의 효도를 다 하는 거다."
결혼을 아주 결정하신 듯했답니다.
"그렇게 좋으세요?"
"제발 내 말 좀 들어다오."

"그렇게 하겠습니다."

알고 있던 규수라
결혼일정을 한 달 후로 잡아서
바로 결혼을 했답니다.
아버님이 얼마나 좋으셨으면 결혼식 날
"너무 좋아서 입을 다물 수가 없어서 담배를 피우시지 못한다."
농을 다 하셨겠습니까.

사돈이 되신 두 분은 1일과 6일 날 서는 풍각시장 날
닷새마다 만나셔서 아버님은 장인어른을 친구 분들께 소개하면서
"최고로 훌륭한 사돈"이라고 소개하시고, 장인어른은 아버님을
"최고의 어른"이라고 소개하시며 소문난 사돈으로 지내셨습니다.
장날 시장에 가시는 가장 큰 이유는 두 사돈이 만나셔서
농주 한잔 나누시고 아들 딸 안부 묻고
손주들 얘기 듣는 게 전부였지만
참으로 행복해 하셨답니다.

외갓집에 간다고 손주들이 인사하면
"외할아버지는 참으로 훌륭하신 분이란다. 인사 잘하고

말씀 잘 듣고 예쁘게 놀아라."고 하셨지요.
아이들은 외갓집에 도착하자마자
"친할아버지께서 외할아버지가 최고로 훌륭한 분이래요."
하고 재롱을 떨었답니다.

아들 다섯 중에서 가장 성질 급하고 좌충우돌하는 둘째아들을
어떻게 하면 사람답게 살도록 할까 싶어 늘 고심하시다가
장가를 잘 보내서 며느리를 잘 얻으면 안심하겠다는 생각으로
심성 고운 며느리를 골랐다고 아내에게 실토하며
아들을 부탁한다고 하셨다니 저는 참으로 불효자입니다.
내일 부부의 날을 맞으면서 두 사돈의 우의를 생각하며 아내를
더욱 귀히 여겨야겠다는 생각을 한답니다.

이번 주말에 외손주 첫돌이라 나에게도 최고로 귀하신
포항에 사시는 사돈께서 오신다니 최고의 예를 다하여
사돈을 모시자고 아내와 약속을 했답니다.

세상의 모든 사돈들이 우리 아버님과 장인어른처럼 지내시면
부부가 자연스럽게 더 친해지고 더 잘하려고 노력하는 듯해서
저는 누가 뭐래도 가장 존경하는 사람을 꼽으라면

저의 아버님과 장인어른이라고 한답니다.

모든 부부들이 부모님들의 바람과 기도대로 행복하기를

기도하며 축복합니다.

3대에 걸쳐
깊은 우정을 나누게 하신
두 분 아버님께 감사드립니다

저와 초등학교 절친인 임형석 군과는
두 분 아버님께서 맺어주신 특별한 인연이라
늘 감사하게 생각하고 있습니다.

초등학교를 사이에 두고 먼 동네에 사는 형석이와 나는
초등학교 입학을 하면서 처음 만났답니다.
어릴 적 소아마비로 다리를 약간 저는 형석이를
늘 안타깝게 생각하고 있었는데
하루는 아버님께서 물으셨습니다.
"너희 반에 금곡에 사는 임형석이라는 학생이 있지?"
뜻밖의 말씀에 저는 깜짝 놀라 되물었습니다.

"아버님 어떻게 아세요?"
"그 아이 아버지와 내가 잘 안단다."

아버님은 신신당부하시더군요.
"절대로 표 나지 않게 잘 도와줘라. 가방도 들어주고
운동도 함께하며 좋은 친구가 되도록 해라."
그날부터 친구들이 눈치 채지 못하게 잘 지내며
축구, 핸드볼, 터치볼 등 무슨 게임을 하든지
형석이와는 한편이 되었습니다.

"부모 팔아 친구 산다는 옛말도 있으니,
아들의 친구가 최고의 손님"이라며
우리가 잘 지내도록 대해주신 부모님들께
지금도 감사함을 느낍니다.
풍각장에서 두 분이 만나시면
착한 아들을 두어 고맙다고 서로
술값을 내시겠다고 다툰다고 하시더군요.

저의 결혼식에 오신 친구의 어머님께서
"우리 아들 장가가네. 너는 잘 살 거야."

하시며 다른 분의 열 배에 가까운 축의금을 주셨습니다.

항상 긍정적이고 명랑 쾌활한 내 친구.
사업도 잘하여 공주연기 지역에서
1만 두가 넘는 돼지농장을 하고
연기 지역 양돈협회장 취임식 때 참석하여
손님들께 감사인사를 함께 드렸답니다.

우리 딸도 결혼하고 그 친구의 아들도 결혼하게 되었을 때,
부모들이 친하면 자녀들도 친해야 한다고
그 친구가 초대하여 갔더니 우리보다 자녀들 내외가
더 좋아하며 1년에 두 번씩 만나자고 했는데
지난해는 아프리카 돼지열병으로 꼼짝을 못하고
올해는 코로나로 아무 데도 못가고 있지만
늘 전화로 서로의 안부를 묻는답니다.

오늘은 아버님의 103번째 맞이하는 생신입니다.
아버님께서 맺어주신 좋은 친구들과
3대에 걸쳐서 잘 지내고 있습니다.
곧 손주들도 만나면 4대의 인연을

꽃처럼 아름답게 가꾸어 가도록 노력하겠습니다.

내년에는 무슨 일이 있더라도 그 친구에게,
두 분께서 맺어주신 귀한 인연을 더욱 소중하게 간직하도록
제가 더욱 잘하겠다는 고백을 하도록 하겠습니다.
귀한 인연과 깊은 우정을 오래오래 나누도록
가르쳐 주시고 이끌어 주신 두 분 아버님께
깊이 감사드립니다.

신부님,
총장 신부님,
그저 바라만 봐도 좋습니다

일평생 한 사람을 위하여 기도해주는
기도의 동역자를 만난다면 얼마나 행복할까요?

저는 참으로 운이 좋아서
가톨릭 재단의 대구 대건고등학교를 다닌 인연으로
한 해 후배인 예수회 아시아 지부장을 지내신
마티아 채준호 신부님께서 저를 위해
하루도 빠짐없이 기도해주셨습니다.

채 신부님께서 지병으로 선종하시며
저를 위해 기도해주실 기도의 동역자가 틀림없이

나타날 거라고 했지만 이제는 제가 기도해줄 동역자를
찾아야겠다고 맘을 먹고 있었답니다.

마침 고등학교 동기이며
주로 가난한 농촌사역과 장애인 사역을 하신
안동교구 정일 신부님께서 해외사역을 마치시고
안동에 있는 가톨릭상지대학교 총장으로 부임하신다기에
받은 은혜를 총장님께 감사기도로 되갚기로 했답니다.

성직자로서 가장 낮은 데에서 겸손하게 지내시는 신부님은
제가 보기에는 살아있는 성자처럼 보였답니다.
서울에 주례 약속이라도 있다는 소식만 들으면
모든 일을 접어두고 오직 신부님을 보기 위해,
손 한 번 잡아주고, "신부님, 꼭 건강하셔야 합니다."
그 말 한 마디 전하려고 꼭 간답니다.

학구파이신 신부님께서
묵상집, 번역서, 논문집들을 여러 권 내셨지만
이번에 내신 책은 신부님의 일생을 집대성한,
자서전보다도 더 인간적인 신부님의 민낯을 보여주는

수상록을 내셨는데, 그 제목이 『할머니의 사제직』이랍니다.

"크거든 신부 되거라, 꼭 신부가 되거라!"
할머니의 기도로 신부가 되셨다니 참 감동입니다.
사제는 자기를 버리고 하느님과 인간을 위해 봉사하는
사람이라는 신념을 실천하려고 낮은 데로 임하신답니다.
인사 받고 대접 받기를 사양하며
되도록이면 기득권이 없는 해외 교포사목을 원하여
이번에도 총장직을 떠나면 바로 호주 사역을 떠나신다니
무엇보다 건강이 걱정입니다.

신부님!
총장 신부님!
언제 어떤 형태로든지
먼발치에서라도 보기만 해도 좋습니다.
신부님의 주례사 중 항상 강조하시는
"사랑하기 때문에 결혼하는 것이 아니라
사랑하기 위하여 결혼하는 것."이라는 말씀이
저는 참 좋답니다.

구수한 유머 속에서 삶의 만족도를 강조하시며
"영적인 복을 구하면 세속적인 복은 뒤따라온다."고
우리를 위로하시는 신부님은
살아있는 성자이면서 좋은 벗입니다.

신부님은
힘없고, 낮고, 천대받고 멸시받는
모든 이의 가장 가까운 이웃이니
제가 신부님께 드릴 수 있는 것은
언제 어디를 가시든지 건강하시라는
빈손으로 드리는 기도뿐입니다.

호주 사역을 끝으로 은퇴하시면
안동에 계시더라도 자주 뵈오며
구수한 된장찌개 한 그릇 함께 나누는
편안한 벗으로 남고 싶습니다.

그리운
두 분 어머님

제가 고등학교 1학년 때,
평소에 배가 자주 아프시다던 어머님을 모시고
아버님과 함께 대구 동산병원을 갔습니다.
놀랍게도 위암 4기라 수술도 할 수 없고,
길어야 1년 정도의 시간밖에 없으니까
어머님 원대로 해주라는 청천벽력 같은 최후통첩을 받았지요.

그날 이후 아버님과 시집간 누님 두 분과 아들 다섯은
어머님 병간호에 모든 정성을 다하였습니다.
위암에 좋다는 약들은 아버님이 죄다 구해 오셔서
정성을 다해서 달여 드렸으나 의사 선생님의 말씀대로

꼭 1년 후 4월에 47세의 젊은 연세에
하늘나라로 떠나셨답니다.

형님은 서울에서 직장에 다니셨고
나는 대구에서 고등학교를 다녔고
셋째는 중학교 3학년, 넷째는 초등학교 6학년,
막내는 초등학교 3학년에 아버님.
모두 남자 여섯만 남겨 두시고
어머님께서 홀연히 떠나셨으니
얼마나 황망하고 기가 차고 적막강산이었겠습니까?

아버님을 모시는 셋째가 주로 맡아 식사를 챙겼으나
얼마나 힘이 들었으면 아침부터 국수를 주로 해드렸다니
생활이 이루 말로 할 수 없도록 비참하고 힘이 들었답니다.
무슨 일이 있더라도 밥을 해줄 새 어머님을 모셔 와야
집안이 안정이 되겠다는 일념으로
어머님이 되실 만한 혼자 사는 분이 있다면
대구, 부산, 마산, 밀양 어디든지 다니며
우리의 어머님이 되어 달라고 통사정을 했었답니다.

모두가 가난하다고, 애들이 많다고,
집이 시골이라고 거절을 당했지요.
마지막이라 생각하고 찾아간 어머님의 손을 잡고,
"우리의 어머님만 되어 주시면 세상에서 최고로
호강시켜드리고 잘 모시겠다."고 고등학교 교복 차림으로
큰절을 드렸더니 토요일에 같이
시골로 가자고 하시더군요.

어머님이 되실 분을 모시고 가니까 집안청소 잘해두고
동생들에게 인사 잘하라고 신신당부를 해두었습니다.
아버님보다 12살이 적고 성격도 좋으시고,
음식도 잘하시고, 마음도 넉넉하셔서
오시자마자 부엌 정리정돈하시는 걸 보면서
얼마나 좋았는지 모른답니다.

한 동네에 같이 사는 집안의 형수나
아지매들과도 잘 지내시고
손이 부자라서 잘 나누어 드리니까
모두 다 좋아해서 더없이 좋았습니다.

새 어머님과의 약속대로
형님은 우리를 낳아준 생모를 모시고
저는 새엄마를 세상에서 최고로 잘 모시는 아들이 되겠다고
단단히 결심했습니다.
좋은 일이 있을 때마다
모두가 어머님의 기도 덕분이라고
어머님께 모든 공을 돌렸답니다.

제가 결혼할 때도 어머님께서
어찌나 집사람을 잘 챙겨주시고 예뻐해 주시는지
저는 직장이 서울이지만 1년만 집사람을
어머님이 시골에서 함께 살며 일가친척들에게 인사도 시키고
고부간의 정을 나누겠다고 하셔서, 할수없이 6개월은
어머님과 지내다가 서울로 왔습니다.

새 어머님이 오시고
꼭 20년 만에 아버님께서 돌아가셨는데,
그나마 어머님 덕분에 잘 키운 아들 다섯의 그늘이
넓고 깊어 시골에서 최고로 손님이 많았습니다.
조문객이 칠천 명도 넘었으니

모두가 새 어머님의 덕분이라고 감사했지요.
장례 치르고 남은 억대의 부의금을
모두 다 어머님의 통장에 넣어 드렸더니
"배 아프지 않고 낳은 다섯 아들 덕분에 호강한다."고
하시면서 고마워 하셨답니다.

어머님을 처음 뵐 때 잡은 손이 하도 거칠어서
옛날 손숙과 김승현이 진행하던 MBC 라디오의
'여성시대 주부편지 손과 밥'에 응모했습니다.
당당하게 입상하여 책을 어머님께 보내드렸더니
오시는 분마다 둘째아들이 내게 보낸 편지라며
읽어달라고 하셨답니다.

어머님께서 마지막까지 아들들을 걱정하여
아버님 떠나시고 7년 후 떠나시며
큰돈을 통장에 남겨두시고
"장례 치르고 남으면 못사는 넷째아들께 주어라."
한 줄 유언을 남기고 떠나셨습니다.

장례식 때 형님은 직장 체육대회 때 다리를 다치셔서

둘째인 내가 주상주가 되었으며,
장지도 내가 보아둔 선산 옆으로 정해서
지관을 모셔갔더니 최고의 명당자리라고
자손만대로 큰 복을 누리겠다고
칭찬이 대단하셔서 모두가 좋아했었답니다.

그 고마운 새 어머님을 지금도 아들 다섯이
아버님, 어머님 산소와 함께 벌초를 합니다.
해마다 염천의 8월이 올 때마다
딸 둘, 아들 다섯을 건강하게 낳아주신 어머님과
아들 다섯을 잘 키워주신 새 어머님께 대한 그리움이
산처럼 바다처럼 밀려와 숙연하게 맞이합니다.

어머니가 되어주세요

-MBC 여성시대 '손숙, 김승현의 '99신춘 편지 쇼'에 실렸던 편지

어머님!
언제 불러도 그 가슴 아리한 이름이지만
이제 저는 주먹만 한 눈물을 목구멍이 비좁게 삼키면서
이 편지를 어머님께 드립니다.

    27년 전 5월 어느 날,
    까까머리 까만 교복을 입은 한 고등학생이 어머님을 모시러 갔었지요.
    불문곡직하고 저의 어머님이 되어달라고 떼를 쓰고
    억지를 부렸습니다.
    54세에 홀로 되신 아버님께 남은 것이라고는
    초등학교 3학년부터 차례로 눈망울이 초롱초롱한 아들 다섯뿐.

47세의 젊은 나이에 먼저 가신 어머님의 병 수발과
1년간의 빈소를 매혼하고 나서 아버님께 남은 것이라곤
허탈과 자포자기뿐이었답니다.

중학생이었던 남동생이 밥하기가 힘들어서
아침, 점심, 저녁 세 끼 내내 국수만 삶아서
찬물에 말아 아버님께 드리니까
아버님은 점점 더 야위어만 갔습니다.

아버님을 살리기 위해서라도
어머님을 빨리 모셔와야겠다고 마음먹고,
어디든지 어머님 되실 분만 있다고 하면
한밤중에라도 달려가서 우리들의 어머님이 되어 달라고
억지를 부렸답니다.

아버님은 동네에서 가장 무서운 분이셨고,
시골에 살면서도 가난하고 억센 아들만 다섯이라
재혼의 조건으론 지상 최악이었습니다.

여러 분이 다녀가신 후에 새 엄마 찾아서

5만 리도 더 뛰어 다닌 후에 지치고 지쳐서

어머님께 제가 찾아갔을 때는

이번에는 무슨 수를 써서라도

어머님을 꼭 모셔와야겠다고 마음먹었습니다.

"어머님! 아무런 말씀도 하지 마시고

저희들만 믿으시고 무조건 저희 어머니가 되어주십시오."

어머님의 손을 덥석 잡았을 때,

그때 그 어머님의 손은 고생의 무게가 실려

무쇠 솥뚜껑 같이 두툼하고 따뜻했습니다.

등 떠밀리다시피 하여 우리 집에 오셔서

초등학교 3학년인 막내 동생 투정 다 받아주시고,

열다섯에 드신 술이 일흔이 넘어서도 깨지 않으신다던

아버님의 술주정도 다 받아주시고, 다섯 아들 잘 키워서

사장도 만들고, 부사장도 만들고, 부장도 만들고,

소장도 만들어서 아버님이 돌아가셨을 때는

시골 면에서 조문객이 가장 많이 오시게

아들들 잘 키워주신 어머님께

이제야 늦게나마 고맙다는 이 편지를 드립니다.

어머님!
어머님께서 저희 집에 오신 이후에는
오직 저희 아들 다섯만 위해서
일생 동안 헌신 봉사해 주셨습니다.
어머님이 오실 때 데려온 여동생은
막내 동생과 동갑이고, 철없이 싸우기만 한다고
초등학교만 겨우 보내어서 야학이 있는 방직공장으로 보내고,
어머님 당신께서 직접 낳은 두 아들은
어머님 주위에 얼씬도 못 하게 하여
남동생 집에서 지내게 하신 그 아픔이
오죽하셨겠습니까?

이제 제 나이 오십이 다 되어 가면서,
제 자식을 낳아 키우면서야
어머님의 그 깊은 속마음의 뜻이
조금이나마 이해가 간답니다.

어머님께서는 언제나 우리 다섯 아들 잘되게
새벽마다 정화수 떠놓고 빌고 또 빌어주셨습니다.

어머님이 저희 집에 오시고 당신이 낳은 아들 둘은
당신이 직접 보살피지 못하고
남동생 집에서 살다가 결혼해서 분가하여 잘 사는가 싶더니
폐암을 얻어서 차례대로 어머님 곁을 먼저 떠났지요.

아들 둘을 먼저 보내시고도 저희들에게
눈물을 보이지 않으시려고
"어머님 상심이 크시지요?" 하면
속울음을 꺼억 꺼억 삼키시면서도
"아이다. 내겐 오직 느그 다섯 아들뿐이란다.
느그 잘되면 내 더 바랄 게 없다."고 하시며
먼 하늘만 바라보셨지요.

어머님!
아직도 저희들은 어머님의 그 깊은 속을
다 헤아리지 못하는 천하의 불효자들입니다.
미련곰단지 같아 좀 더 싹싹하게
어머님께 잘해드리지 못하고
어머님은 항상 무쇠 같이 강한 줄로
착각하고 살아왔답니다.

지난 초겨울 어머님께서 기침을 하시고
침을 닦은 휴지에 피가 묻어나기에
예감이 이상해서 얼른 큰 병원에 모셔가
정밀 종합검사를 받아보니
이게 무슨 날벼락일까요?

어머님의 두 아들을 데려간
그 듣기조차 끔찍하고 소름끼치는 폐암 말기라니요.
"앞으로 길어야 6개월 정도니까
수술도 불가하고 항암 치료도 효과가 없고
오직 진통제뿐이니까 어머님 원하시는 대로 해주세요."
의사의 차가운 선고가 얼마나 원망스러웠든지 모릅니다.

"왜 지금까지 아무 말씀도 안 하셨어요?
왜 잠자코만 계셨어요?"
아무리 다그쳐도 정작 어머님 당신은
"괜찮다. 이제 내가 해야 할 일 다 했고,
느그들 다 성공했으니 아무 걱정이 없다."
병원 문을 나서면서 어머님의 손을 꼬옥 잡아보니
그 두툼하고 따뜻한 손은 어디 가고

삯다리 껍질 같은 핏기 없고 앙상한 손만 남았나 싶어
가슴이 미어졌습니다.

어머님이 처음 우리 집에 오셔서
내가 방학이나 주말에 집에 간다면
갓 낳은 계란을 손에 꼬옥 쥐시고
식지 않게 입으로 호호 부시다가
나를 보면 얼른 먹으라고 주시곤 하셨지요.

이제 정말 힘이 부치시는지
지난 설에는 주변 정리를 하시는 걸 보고
가슴이 저려오고 구석구석마다
눈물 고이는 일뿐이었답니다.

기침은 더 심해지시고 기침을 할 때마다
피의 농도는 더욱 짙어져갔습니다.
이런 어머님께 제가 할 수 있는 일이라곤
오직 빈손으로 드리는 기도, 기도뿐이었답니다.
"가엽고 불쌍하신 우리 어머님 1년만 더 살게 해주세요."

"부디 어머님! 제게 무슨 말씀이라도 좋으니까
말씀 좀 하세요." 해도, "아무 할 말이 없다.
느그들이 잘 알아서 해줄 테니까 아무 걱정 없이
주변 깨끗이 정리하고 갈란다."고만 하셨지요.

어머님!
인명은 재천인데 부디 수를 누리시는 동안
평안히 지내시다 가시옵소서.
원망도, 후회도, 회한도 다 버리시고요.

간병인도 싫다, 사촌 형수의 병 수발도 싫다,
며느리도 싫다.
그렇다면 어머님 이 아들밖에 없으니까
이 아들이 똥오줌 받아내고
목욕까지 시켜드리겠다고 하니 천진스럽게 웃으시며
"오냐, 내가 더 아프면 너를 부르지."
하시면서 처음으로 눈물을 흘리셨지요.

이제 또 봄이 오고 있습니다.
저의 조그만 소망 하나는

어머님이 이 봄을 보내고
하나의 봄만 더 맞이하시는 겁니다.
유난히 어머님이 좋아하시는 5월의 줄장미꽃을
한아름 꺾어 들고 어머님 품에 안기고 싶습니다.

어머님께서는 이 편지를 받으시면
어제처럼 또 어머님 방에 동네 사람들이 놀러오면
우리 둘째가 보내온 편지라고
열두 번도 더 읽어달라고 하시겠지요.

"어머님 감사합니다."
어머님을 생각할 때마다
그 무쇠 솥뚜껑 같던 두툼하고 따뜻하던
어머님의 손이 더욱 그립습니다.

어머님께선 꿈에 자주
북소리가 들린다고 하셨지요.
어머님! 어머님께선 절대로 그렇게 쉽게
돌아가시지 않으십니다.
누구의 어머님이신데요.

아무 걱정하지 마세요.
어머님은 절대로 돌아가셔도 돌아가신 게 아니시고
영원히 저희들의 가슴에 아름답게 살아 계실 겁니다.

어머님!
바람의 달 음력 2월입니다.
감기 드시지 않게 이불 잘 여미시고
오늘밤 편히 주무세요.

내일 아침 일찍
"어머님 편히 주무셨어요?"
하고 문안인사 드릴게요.
부디 편히 쉬세요.
고맙고 감사합니다,
우리 어머님.

- 1999년 따뜻한 3월.
  서울에서 둘째아들, 며느리가 드립니다.

세상에서 최고인
우리 장모님!

장모님,
가을이 다가오면 제일 먼저 장모님 생각이 납니다.

열일곱 고운 나이에 명문대가인,
한훤당 김굉필선생의 27세손 서흥 김 씨
영남중파 종손이신 김태익 선생께 시집와서
올해가 89세이니까 72년 동안을 한결같이
종부로서 오직 나눔과 베풂의 생을 살아오신
장모님을 생각하면 고맙고 감사하고
한편으론 가슴이 아리하게 아픕니다.

손위로 시누이 한 분이 계시고
모두 5남 3녀의 맏이로 시집오셔서
머슴 셋까지 거느리는 대가족의
천석꾼의 살림을 살아오셨으니 그 고생이,
그 어려움이, 그 눈물이 오죽하셨겠습니까?

그래도 항상 웃으시며
종부의 길은 오직 나눔과 베풂이라며
더 많이 베풀지 못함을 아쉬워하시는 장모님은
사람이라기보다는 천사에 가깝답니다.

큰시누이가 시집가서 아들 넷 딸 셋을 두시고
남편이 일찍 돌아가시자 그 가족을 다 데리고
친정으로 오셨지만 한 번도 싫은 기색 않으시고
그 아이들을 친자식보다 더 알뜰하게 챙겨주셔서
올해 100세가 되신 고모님을 찾아뵈면 지금도 말씀하십니다.
"느그 엄마는 천사란다."
꼬깃꼬깃한 쌈짓돈을 엄마 고기 사주라고 주신답니다.

반월에 사시는 큰 시동생은

장모님의 자랑스러운 시인이시라
1966년에 첫 시집을 내신다고 하셔서
문전옥답 다섯 마지기를 팔아주셨다니
참으로 훌륭한 장모님을
'가문의 기둥 같은 분'이라고 하십니다.

막내 시동생을 자식처럼 훌륭하게 잘 키워
국내 유수의 D산업 참치회사의
대표이사까지 지내시게 했지요.
당신의 자녀보다 어린 막내 시동생이 젖이 모자라면
아들보다 먼저 젖을 물리고
아들에게 젖을 주셨다고 합니다.
시동생은 그 은혜를 지금도 잊지 않고
엄마 같은 형수님을 극진히 모신답니다.

막내 시누이가 결혼해서
의처증이 심한 남편 때문에 친정으로 돌아오자
가족들의 반대에도 불구하고 시누이의 편이 되어
별도의 집을 마련해주고 재혼하게 주선해준 그 은혜로
막내 시누이는 우리 장모님을 엄마보다 더 친하게 여깁니다.

일본에서 태어나신 장모님은
일본어와 한학에도 능하셔서
4대 봉제사 지방과 축문을 다 쓰시며 지내셨는데
장인어른 3년상을 치르시고 모든 제사는
3월 첫째 주 토요일 날 하루에 지내도록
며느님께 인계하는 따뜻하신 분입니다.

지난해 88세 희수연 때는 동네 분들을 모두 모시고
식사대접을 하면서 만수무강하시라고 절을 하려는데
"나보다 먼저 나를 잘 보살펴 주시는
동네 어른들께 먼저 큰절 올려라."
말씀하시는 우리 장모님을 존경합니다.

지금은 과수원은 도지로 주어 다른 사람이 농사를 짓지만
울안의 감나무 20여 그루는 매년 추석이 지나고
'감 따는 날'을 정해 감을 따서
일가친척들과 사돈댁까지 보내주셨는데
올해는 코로나로 꼼짝도 하지 말라고
엄명을 내리셨답니다.

내년 구순 때는 코로나가 잠잠하면 구순잔치를 하겠다고 하니
조용하게 조그마한 선물을 준비해서
동네 분들께 전하라고 하여 준비하고 있습니다.

치매가 찾아오면 자식들이 고생이라면서
치매 방지를 위하여 지금도
대하소설 『토지』나 『태백산맥』을 읽으시고
최근에는 『큰글성경』을 즐겨 보신다니
참으로 대단하시게 느껴집니다.

7년 전에 장인어른 상을 치르고
산소에 상석과 비석과 망두석을 하자고 했더니
다음에 내가 죽으면 같이 하라고 하시고선
지금은 유언처럼 말씀하십니다.
"사람도 자연인데 죽으면 흔적 없이 떠나는 게 도리지.
일체의 석물은 하지 말고, 나무비석 세웠다가
사라지게 하게나."

억울하고 오해라도 받는 일이 생기더라도
말은 항상 부드럽고 공손하게 하라면서 당부하십니다.

"말은 그 사람의 인격이네."
저는 사위로 42년을 지내면서 실수나 실패를 하고서도
장모님께 한 번도 싫은 소리를 들어본 적이 없답니다.

"장모님, 저는 장모님의 사위가 된 것을
저 일생에 가장 큰 행운이라고 생각합니다.
세상에서 누구보다 장모님을 최고로 존경합니다."
제 말에 장모님은 늘 말씀하시지요.
"나도 자네가 참으로 좋네. 자네의 장인은
모든 유산을 자네에게 다 주라고까지 했었다네."
장모님, 또 가을이 찾아옵니다.
구순의 장모님을 잠시라도 모시는 게 좋겠다 싶어
아내를 통해 말씀을 전하면 늘 한결같은 대답이 돌아옵니다.
"여기가 천국이니 내 걱정은 말고 건강하게 지내거라."

세상에서 가장 훌륭하신 우리 장모님,
부디 건강하시고 장수하시기를 기도합니다.

아버님이 가르쳐 주신
아내 사랑, 남편의 길

저는 지금까지 아버님처럼
아내를 지극하고 겸손하고 당당하고
용기 있게 섬기는 분을 보지 못했습니다.

아버님은 5남 1녀의 막내 아드님이셨고
어머님은 1남 7녀 중 6녀였지만
딸 많은 부잣집의 가장 예쁘고 영특하셔서
외할아버지의 사랑을 독차지하셨지요.
어머님보다 7살이 많은 아버님은
외할아버지의 눈에 들어
수많은 매파들의 감언이설에도 불구하고

어머님과 혼인을 할 수 있었지요.

결혼 당시, 외할아버지의 조건은 단 하나였다고 합니다.
"한 달에 한 번은 잊지 말고 같이 와서
내 딸의 얼굴을 보여주어야 하네."
혹시나 예쁜 딸이 고생은 않는지, 남편의 사랑은
잘 받고 있는지, 아이들은 속 썩이지 않는지를 살피시려는
외할아버지의 지극한 사랑을 아버님은 충분히 이해하시고
어머님께 지극 정성을 다하셨답니다.

설날이 되면 아들 다섯을 대청마루에 도열시키시고
아버님과 어머님께서 제일 먼저 부부맞절을 하셨습니다.
아버님께서 "임자, 올해도 건강하시고 복 많이 받으세요."
하시면 어머님께선 "이녁도 건강하시고 복 많이 받으세요."

아버님께서 두툼한 봉투를 하나 어머님께 주시고
자리에 앉으시면 아들들이 마루에서 세배 드리고
부모님 앞에 앉아 어머님께서 주시는 세뱃돈을 받았답니다.

언제 어디서나 서로서로 존댓말을 하시면서

어머님의 의견에 아버님께서 한 번도 거역한 것을
본 적이 없습니다.

혹시라도 어머님께서 외갓집에 잔치라도 있어서
주무시고 오실 때는 집안 청소부터
어머님께서 좋아하실 일들을 해놓으시는 아버님은
아내를 어떻게 예우해야 하는지
아들들에게 몸소 보여주셨습니다.

식사 때도 아버님과 어머님은 겸상으로 하시고
아들들은 두레상에 함께하며
어머님이 오셔야만 식사를 시작했습니다.

다행히도 다섯 아들들이 순하고 얌전해서
학교에서 상이라도 하나 받아오면
아버님께선 어머님께 모든 공을 돌리셨어요.
"임자의 정성으로 우리 아들이 1등하고 상장까지 받아왔소."

집안에서 막내 며느리였지만,
아버님께서 형수들인 큰어머님들께 특별히 잘해주셔서

어머님의 시집살이는 참으로 편하고
손위동서들의 부러움을 샀답니다.

위로 두 누님의 혼사 때도
어머님의 결정으로 사위들을 결정하셨는데
아버님의 부탁은 하나였습니다.
"너희들이 시집가서 친정부모, 특히 엄마를 욕먹게 하지 말거라."
지금도 '가인박명'이란 말만 들어도
어머님이 생각나 눈물이 납니다.

그 고운 연세 47세 때 위암으로 떠나시며
아버님께 말씀하셨다고 합니다.
"나는 당신의 사랑을 많이 받고 떠나는데
당신은 막내가 열 살인 저 철없는 아들 다섯을 데리고
어떻게 살까요?"

그러나 아버님께선 도리어 위로하셨지요.
"우리 장한 아들들을 앞으로 20년은 잘 키워
막내아들 장가보내, 손주까지 안아보고 갈 테니까
걱정 말고 몸이나 쾌차하소."

어머님 소천 후 20년 6개월 후 아버님께서 소천하시면서
다섯 아들 다 결혼시켜 막내아들 손주까지 안아보셨으니
어머님과의 약속은 잘 지키신 셈입니다.

어머님의 발병 후 1년 동안 백방으로 약을 구해
병구완을 하셨지만 백약이 무효하여
어머님을 보내시는 아버님의 아쉬움이 하도 커서
어머님 3년상을 치르시겠다고 하시는 것을
집안 어른들과 외갓집에서 겨우 말렸답니다.

내가 군에 있을 때는
다른 어머니들이 면회 오는 것이 무척 부럽고
어머님이 그리워서 아버님께 어머님 1년 탈상 때
동네 분들 모두 다를 모시고 울리신, 어머님께 드리는
아버님이 쓰신 제문을 보내 달라고 했더니
뜻밖의 대답을 하셨습니다.

"그 다음 해에 농촌봉사활동 나온 영남대 학생들이
너무나 절절하여 학교 교지에 실어서
많은 분들이 보게 하겠다고 해서 주어버렸다."

가지고 계셨으면 가보감인데 없다고 하셔서
몹시 아쉬워했던 기억이 납니다.

행여나 1972년부터 1977년 사이에
대구에 있는 대학교 교지에
우리 아버님(김 영자 덕자) 제문이 실린 것을 보신 분은
연락 주시면 대단히 감사하겠습니다.

아버님, 이제 또 가을입니다.
아버님 추도일이 가까워오니 더욱 그립고 보고 싶습니다.
아버님께서 몸소 행동으로 가르쳐 주신
아내 사랑과 남편의 길을 잘 실천해서
아버님의 다섯 며느리들에게 모두 다
사랑받고 존경받는 아들들이 다 되게
최선을 다하겠습니다.

딸을 위한 기도,
엄마를 위한 기도

올해로 90을 맞으신 장모님께서
아직도 고향의 종가를 지키시며 늘 장녀인 아내를 위하여
하루도 빠짐없이 기도하신다는 얘기를 듣고서
가슴이 먹먹했습니다.

장모님은 달성 서 씨 양반집 규수로
18세에 일본에서 공부한 영재라고
양반 서흥 김 씨 한훤당 김굉필 선생의 영남중파 종손이신
김태익 선생께 시집와서 천석꾼의 집안일과 시조부모부터
일하는 사람까지 20여 명의 권솔들을 섬기면서
하루도 바쁘지 않은 날이 없었다고 하셨습니다.

그 바쁘고 힘들고 어려운 속에서도
22세 때 장녀인 아내가 태어나자
'너를 보며, 너를 위해 기도하며 어떠한 어려움이 있더라도
당당하게 이겨내고 너를 최고의 딸로 키우겠다.'
고 하신 결심을 지금도 다하고 계신답니다.
90평생을 사시면서 기쁜 일도 슬픈 일도 수도 없이 많았지만
오직 하나 장녀인 아내를 위한 기도만은 한결같이 지켜오셨다니
그 사랑이, 그 정성이 오죽했겠습니까?

지금도 치매가 찾아오면 큰딸이 최고로 고생을 한다면서
너를 위해서라도 큰글성경도 보시고, 구구단도 외우고,
대하소설도 보고 달력 뒷면에 손주들 이름도 적으면서 사신다니
그 사랑, 그 은혜가 얼마나 대단하신가요?

해마다 찾아뵙는 어버이날과 장모님 생신이지만
올해는 코로나로 지난 어버이날에 아내를 대신하여
딸내미가 사위랑 손주가 찾아뵈었더니
"왜 니 엄마는? 무슨 일이 있는 게지?"
하시면서 하도 꼬치꼬치 물으셔서 할 수 없이 실토했답니다.
"엄마가 얘기하지 말랬는데.

할머니, 엄마가 발을 다쳐 깁스를 해서 못 왔어요."
그랬더니 그 자리서 바로 전화하셔서
"어디를 얼마를 다쳤는데?
다쳐도 내가 다쳐야지 니가 왜 다쳐?"
그 말씀을 듣고 이게 부모고 엄마라는 생각을 했답니다.
90의 엄마가 70이 다 되어가는 딸을 위한 기도를
하루도 멈추지 않으신다니 이보다 더한 축복이 어디 있으며
이보다 더 진한 자식 사랑이 어디 있겠습니까?

딸이 외할머니께 다녀와서
"엄마, 할머니도 이제는 많이 늙으셨어요."
하는 이야기를 듣고는 아내가 말하더군요.
"내가 엄마를 위해서 해 줄 수 있는 것은 자주 전화 드리고
빈손으로 드리는 기도, 오직 기도뿐이네.
엄마 기도의 백 분의 일도, 천 분의 일도, 만 분의 일도 못 미치는
미약한 딸의 기도지만 오늘부터는 '시골의 왕할머니'를 위한 기도를
매일 아침 드려야겠어요."

아내의 부상으로 딸내미와 한 집에 있는 동안은
모일 수 있는 사람은 다 모여서

엄마가, 장모님이, 외할머니가, 처외조모가, 외할머니의 어머니인
왕할머니께서 이 땅에서 수를 누리시는 동안
강건하시고 평안하시라고 기도하고 있답니다.

넉넉하게 베풀기를 좋아하셔서
시누이 셋과 시동생 넷에 동서들과 2남 2녀의 자녀들께
일평생 베풀기만 하시다가 구순을 맞으시고도
아직도 더 많이 베풀지 못하심을 안타깝게 생각하시는 장모님은
하늘이 내려주신 날개 없는 천사입니다.

참으로 고우신
시인의 어머니

어머님, 그 이름만 불러도
저의 가슴이 아려옵니다.

자신의 시집이 200만부도 더 팔린 이시대의 대시인인
이정하 시인은 저의 대구 대건고등학교 8년 후배라
자주 만나는 사이랍니다.

봄볕이 유난히 따뜻하던 지난 목요일 오후에
이번에 발간하는 제 책의 편집 내용을 점검키 위하여
이 시인의 사무실을 갔었는데, 올해 90세 그의
어머님께서 복수초 같은 노란 쉐터를 따뜻하게 입으시고

봄볕이 잘 드는 창가에 앉으셔서 차도 마시고 책도
보시는 모습이 참 단아하시고 고우셨습니다.
"어머니, 오래오래 건강하세요." 하고 인사를 드렸더니,
"아파트는 갑갑해서 이렇게 가끔 아들 사무실에 나와서
바람을 쐰답니다." 하시는 모습이 어찌나
정갈하시고 고우신지 천사 같아 보였답니다.

우리는 어머님이 뒤에 계신 것도 잊어버리고
책 편집에 대해서 활발하게 의견들을 주고받으며
웃으면서 결론을 내고 일어서려고 하는데 어머님께서,
"아들아, 그렇게 따뜻하고 예쁜 책을 진작 만들지
와 인제 만드는고. 언능언능 찍어서 내게 먼저 100부만 다오."
하시면서 주변의 아는 이들에게 권하겠다고 하셨습니다.

"아니 어머님께서 다 듣고 계셨어요?" 했더니,
"아들 위해 기도하러 나온 사람이 아들이 뭐하는지는
다 알아야제." 하시면서 "이번의 이 책은 자식 없는 사람은
있어도 가족 없는 사람은 아무도 없은께 한 집에 한권씩은
다 있어야 하니까 천만 부는 찍어야겠구만." 하시면서
눈이 안 보이게 환하게 웃으셨답니다.

"어머님 걱정 마시고요 건강하게 천수만 누리시면
효자아들 정하가 어머님 답답하지 않으시게 햇볕 잘 드는
마당 넓은 예쁜 집을 하나 지어드릴 겁니다."고 했더니
아기처럼 그렇게도 기뻐하실 수가 없었습니다.

어머님께서 아들을 많이 아껴줘서 대단히 고맙다고
저에게 두 번 세 번 인사를 하시기에
"저는 어머님을 고등학교 2학년 때 여의었기 때문에
세상의 모든 어머님이 저의 어머님이랍니다."고 했더니
"이렇게 출중한 아들을 못보고 무어가 급해서 그렇게
서둘러 떠나셨을까." 하시고는 혀를 껄껄 차시면서
가까운 가족같이 아쉬워하셨습니다.

어머님께서 막내아들 사무실에 있다니까
큰아들과 작은아들이 차례대로 어머님께
맛있는 간식을 사들고 오기에 "어머님 참으로
아들들을 잘 키우셨어요." 했더니 "아들들도
착하지만 며느리들이 더 착해요." 하시면서
얼굴에 웃음꽃이 박꽃같이 환하게 피셨답니다.

참으로 고우신 시인의 어머님.
막내아들 선배인 제가 우리 어머님을 모시듯이
잘 모시게 자주자주 찾아뵙고 맛난 것도 많이
사드리고 심심하지 않으시게 지내도록 하겠습니다.

사사불공 처처불상 하시듯이 하는 일마다
시인의 어머님이 하시듯이 불공드리듯 하시고,
대하는 곳마다 불상 대하듯 하시면 어머니의 바람인
천만 부를 찍으라는 기도가 틀림없이 이루어지리라고
확신하며 기분 좋게 돌아왔답니다.

장모님의
따뜻하고 겸손하신
당부

올해 90이신 장모님께서
텃밭에서 넘어지셔서 의식불명 상태라는 연락을 받고
임종이라도 지켜야겠다고 상복을 차려입고
대구 칠곡의 병원으로 황급히 찾아뵈었습니다.

다행히 의료진의 노력으로
가까스로 의식을 회복하시고 일반 병실로 옮기셔서
주무시고 계시는 장모님의 손을 잡았는데
뼈와 가죽만 남은 게 안타까워 눈물이 났습니다.

그때 장모님께서 저의 등을 쓰다듬으셨습니다.

"김 서방 참으로 잘 왔네. 혹시나 우리 김 서방을 못 보고
하늘나라로 떠나면 어쩌나 하고 기다리고 있었다네.
나는 종부로 시집와서 모두를 다 이루고 아무 미련도 아쉬움도
없이 가벼운 마음으로 떠날 테니 이승에서 다시는 못 만나도
서운하게 생각하지 마시게."
하시면서 세 가지를 나지막이 당부를 하셨습니다.

"자네 장인과 내 산소에는
일체의 석물은 하지 말고 나무 십자가나 하나 세워서
자연스럽게 자연으로 돌아가게 하시게. 그것이 가장
하나님께 순종하는 길이란 생각이 든다네."

"두 번째는 내가 떠나고 나서
혹시라도 나를 찾는 분이 있으면 누구든지
무조건 고맙고 감사했다고 꼭 전해 주시게."

"마지막 세 번째의 부탁은 김 서방 자네가
우리 사위라서 우리 가족 모두가 정말로 행복했네.
다음 생에서도 꼭 우리 사위로 오시게."

환하게 웃으시는 모습이
전혀 편찮으신 분 같지 않았습니다.
"아닙니다. 제가 장모님의 사위인 것이
제 일생에 최고의 영광입니다."
저는 흐르는 눈물을 주체할 수 없었습니다.

"처갓집에 올 적마다 자네 장인과
무슨 얘기를 그렇게도 재미나게 하던지
조반을 차려놓고 데리러 갔다가
사랑채 앞에서 한참이나 듣곤 했었지."

"새벽이면 옹서지간에 다정하게 과수원에 나가서
맛있는 사과를 서로 먹으라고 권하는 모습이
참으로 아름다웠다네."

"집안의 대소사가 있을 때마다 장인을 지극정성으로
모시고 다니고, 처남이나 처제와 동서를 친동생보다도
더 잘 보살펴 주는 것이 얼마나 고마웠는지 몰라."

장모님께서는 시집을 오시자마자

종부의 길은 오직 나눔과 베풂의 길이란 것을 실천하시며
72년을 한결같이 잊지 않고 살아오신 분이랍니다.
지금도 시가집 4남 3녀의 자손들과
친정집 3남 2녀의 자손들 52명의 이름과
미혼자 3명과 배우자까지
모두 101명의 이름을 적어두고
그들의 이름을 하나하나 부르면서
하루도 빠짐없이 기도를 드립니다.

"내가 베풀고 나눌 수 있는 일이 있으면
기꺼이 나누게 해주세요."

집사람의 어릴 적 별명은 '부잣집 손녀'였습니다.
청도군에서도 몇 번째에 들었던, 시집오실 때 천석꾼의 살림을
장모님께서는 모두에게 골고루 나누셨을 정도지요.
지금도 해마다 그 덕을 잊지 않은 분들은
"마님께 인사드리려 왔습니다." 하며 쌀가마니도 놓고 가고,
과일 상자도 전해주신답니다.

43년 전 우리가 결혼할 때,

아버님께서 저에게 하셨던 말씀이 있지요.
"저 처녀와 결혼하면 평생의 효도를 다하는 것이다."
그 말씀의 뜻을 장모님을 보면서 알게 되었답니다.

장모님,
일평생을 엄하신 층층시하 시어른들을 모시고 살면서도
한 번도 얼굴에 웃음이 떠날 날이 없으시며
성녀처럼 살아오신 장모님은
모두가 인정하는 천사랍니다.

지금도 박꽃처럼 하얗게 웃으시며
천사들을 기다리며 사신다는 장모님은 누가 뭐라고 해도
최고의 종부요, 아내요, 엄마요, 장모요, 형수요, 올케요,
이모요, 고모요, 동서요, 이웃입니다.

장모님,
남은 세월이 얼마인지 모르지만
세상에서 가장 편안하게 지내시고
필요하면 언제든지 부르시면
불원천리 달려가겠습니다.

50년의
감사기도

돌아보니 모두가 하나님의 은혜였습니다.
50년 전, 어머님께서 하늘나라로 떠나시면서
우리 5형제는 하나로 똘똘 뭉쳐 어떤 시련과 고난도
오직 하나님만 의지하며 정면 돌파하기로
단단히 다짐을 했었습니다.

누님 두 분은 이미 시집을 가버렸고
아들 다섯과 아버님까지 남자 여섯만 남겨 두시고 떠난
47살 고운 나이의 어머님의 발걸음이 얼마나 무거웠을까요?

돌아가시기 이틀 전에 저의 손을 잡고 당부하셨습니다.

"다른 것은 아무 걱정이 없는데 저 막내가 불쌍해서 우짜노?
국민학교라도 졸업을 시키고 가야 하는데 이제는
도저히 더 버틸 힘이 없다. 우야든동 니가 잘 보살펴 주고,
콩 한 쪽도 나눠 먹고, 형제간에 우애 있게 지내거라."
어머니의 마지막 부탁이었습니다.

얼마나 황망한지 꽃상여가 떠나던 날,
막내는 키가 작아 상주복이 땅에 끌리고
상주 지팡이인 버드나무 지팡이를
칼싸움하는 나무칼 같이 휘둘렀습니다.

장례를 마치고 막내에게 단단히 부탁을 했습니다.
"남자는 강하고 담대해야 돼.
어떤 경우라도 눈물을 보여서는 안 돼.
엄마가 그리우면 엄마가 좋아하실 일과
기뻐하실 일을 많이 만들어서 하나님께 기도해.
그러면 하나님이 엄마에게 다 전해 주신단다."

"형아, 그래도 엄마가 보고 싶으면 우짜노?"
"그러면 어금니를 꾸욱 다물고 하늘을 보고 걸으면서

걸음마다 '주님 감사', '주님 감사'라고 말해.
그러면 하늘나라에 계신 엄마가
네게 몰라보게 큰 힘을 주실 거야."

다행히 막내는 늠름하고 씩씩하게 잘 자라주었고
제가 교복을 입고 가서 모셔온 새 어머님은
천사 같은 분이시라 동생들께 잘해주셨어요.
아버님과 동네 분들께 존경받으시며
반평생을 잘 사셨답니다.

저는 동생들께 모범을 보이려고
일부러 더 당당하고 자신 있게 생활했습니다.
어떤 경우라도 긍정적으로 생각하고
고난과 시련이 산처럼, 바다처럼 밀려오면
산 넘고 바다 건너면 되지 않느냐고
동생들을 격려하며 지낸 세월이
이제는 꿈같이 여겨지네요.

제가 첫 직장 입사시험 최종 회장님 면접을 볼 때였습니다.
"자네 고향이 어딘가?"

"경북 청도입니다."
"자네 청도 갑부의 둘째아들이지?"
"갑부는 아니고예, 아들 다섯 중에 둘째아들은 맞습니다."
큰소리로 대답했더니 회장님이 웃으시더군요.
"자네의 그 자신감과 당당함이 맘에 드는군.
최종 합격이니 회사에 들어와서 큰일을 하시게."
그 기억이 새삼 새롭네요.

저와 바로 밑의 동생만 아버님이 정해주신 처자와 결혼하고
형님, 넷째, 막내 동생은 인물이 출중하여
준 미스코리아에 버금가는 여성들과 결혼을 했습니다.
아들들 결혼식마다 아버님께서 너무 좋아
입을 다물 수가 없어서 담배를 피우지 못했다고
농담을 하시곤 했었지요.

어머님의 기도와 하나님의 사랑으로
다섯 아들 모두가 건강하고,
이혼한 사람도 하나 없고, 그 자녀들이 모두 잘 되어서
세계를 누비며 사업으로, 학문으로, 예술로
나라와 가문과 부모들께 큰 힘이 되어주고 있답니다.

어머님의 겸손하고 소박하신 유언을 받들어
아버님의 모든 재산은 장자 상속의 원칙에 입각해서
형님께 모든 재산을 넘겨드리고
나머지 아들들은 공부와 결혼을 시켜주는 것으로
자신들이 살아가라고 했답니다.

궁하면 통한다고, 벼슬 못 한 선비의 집안은
항상 가난과 벗하며 지냈지만
한 번도 비굴하거나 비관적으로 생각하지 아니하고
어딘가에는 길이 있다고 생각하여
그 길을 찾으며 지금까지 잘 살아왔답니다.

어머님 소천 50주년 추도예배를 산소에서 드리고
어머님 유언실천 여부를 점검하는 1박2일 형제들 단합대회를
막내가 주축이 되어 치렀습니다.
화목한 분위기와 하나님의 은혜가 더하여
행복한 잔치 분위기였지요.

형님과 동생들은
크고 작은 빌딩을 하나씩 가지고 있을 정도로 살림이 넉넉하고

막내 제수씨는 권사님에 박사님에 교수님이 되셨으니
목사 안수까지 받아서 형제자매와 자녀손들을
하나님께로 인도하여 축복해 달라고 특별히 당부를 했습니다.

"어머님의 유언대로
우리 세대 최고의 의좋은 형제로 기억되게
서로가 서로에게 꽃이 되고 잎이 되게 지내면서
하나님께 감사하며 하늘나라에서 어머님을 뵈올 때는
당당히 잘 살았다고 자신 있게 얘기 하자."
우리는 서로 다짐하면서
의좋은 형제들의 단합 대회를 정기적으로 갖고 있습니다.
이 모든 것이 감사의 기도 없이 이루어질 수 없기에
더욱 무릎을 꿇게 되는지도 모르겠습니다.

2장

눈이 부시게
-나의 모든 것, 가족들께

아들아,
젊은이들의
희망이 되어라

1997년 건국 초유의 위기 상황인 IMF를 거치면서
아빠가 회사를 그만두고 신규 사업을 하게 되었지.
국내의 경제 사정이 극도로 어려워지자
너는 과감하게 미국으로 건너가서 공부하고
돈을 벌어 우리 집안을 반듯하게 일으켜 세워서 효도하겠다고
2003년 단신으로 태평양을 건너갔었지.

각고의 노력으로 네바다주립대학(UNLV)을 당당하게 졸업하고
같은 학교의 최고로 착하고 예쁜 며늘아기와
2012년 결혼해서 보기만 해도 오금이 저린
예쁜 손주까지 안겨 주었으니 그것만으로도

너는 충분히 효도를 다했단다.

졸업을 하자마자 좋은 아이디어 하나로
세인트루이스로 가서는 멋진 가게를 열어서
처부모도 부모니까 처부모님께 인도해 드리고
너는 살기 좋고 서울의 엄마아빠가 오기 좋은 시애틀로 넘어와서
더 좋은 아이디어로 샵을 잘 운영하고 있으니
너는 참으로 훌륭한 이 시대의 효자란다.

업무가 끝나는 그쪽 8시에 매일 전화하면
서울은 12시라 네 엄마는 무슨 일이 있더라도
아들과의 전화데이트를 즐기면서
오늘의 매출과 고객 중에 좋았던 분,
진상손님, 종업원들의 동향보고까지 들으면서
얼마나 행복해하는지
옆에 있는 내게도 전해진다.

아들아,
너는 혈혈단신으로 유학을 갔고, 성공해서
엄마를 최고로 행복한 엄마로 만들어 드리고 싶다는 일념으로

알바 하는 집 주차장에 매트리스 한 장 깔고 자면서
비치는 달을 보며 "엄마 이 아들을 믿으세요." 했다고 했었지.

'아들은 아빠의 얼굴'이라고 하지만
솔직히 너는 아빠보다 10배나 더 훌륭하다고 인정한단다.
뿐만 아니라 "제가 조금이라도 효도를 한다면
아빠의 영향입니다."라고 하는 겸손함이
나를 더욱 흐뭇하게 만들어 준단다.

네가 떠날 때 내가 말했었지.
"어디를 가든지 인사 잘하고, 겸손하고,
넓게 배우고 바르게 행한다고 생각해서
어려우면 살아있는 증거라고 생각해서
절대로 용기를 병들이지 않으면
틀림없이 성공할 거다."

지금은 코로나의 비상사태로 모두가 어려운 가운데도
기발한 아이디어로 테이크아웃만 주로 하며
미국 사람들을 줄을 세워 놓고 판매하는 너는
당당한 한국의 자랑이며 젊은이들의 우상이란다.

지난 어버이날 때 깜짝 놀랄 만큼 큰돈을
엄마의 '품위유지비'로 보내주어서 고맙다.
더 고마운 것은 최고의 며늘아기가
"청담동 어머님은 쓸 데가 많아요."
하면서 더 많이 보내드리라고 했다니
감동에 감동이었단다.

아들아,
네 엄마는 외할아버지가 남겨주신 유산보다도,
아빠가 평생 벌어주는 월급보다도,
네가 주는 '품위유지비'가
최고로 엄마를 힘나고 기쁘게 한다니까
너는 참으로 훌륭한 효자란다.

이사 갈 새집을 구하면서도 엄마가 와서 보고
"엄마가 허락하셔야 계약을 하겠다."고 했지.
코로나 사태로 올해는 못 갈 듯하니
편한 대로 하라고 해도 꼭 엄마가 와서 보시고
오케이 사인이 떨어져야만 하겠다니
내가 봐도 참으로 좋은 아들이란다.

사랑하는 아들아,
네 수고와 고생은 한도 없이 많았겠지만
이 어려운 암흑 같은 코로나의 터널을
어려움을 안고 지나가고 있는 젊은이들에게
조그만 희망이라도 되었으면 좋겠다.
이 아빠도
65세 이상의 젊은 노인들에게 꿈과 희망이 되게
봉사를 하더라도 밝은 사회와 국가를 위하여
도움 되고 봉사하는 멋진 삶을 살도록 하마.

사랑하는 내 아들아,
너랑 나랑 부자는 용감했다는 그 한마디를
듣는 것으로 최고의 위로를 삼고
오늘도 내일도 멋지고 보람 있는
일을 하며 하나님께 감사하자.

최고의 손주 제인아,
최고의 자부 슬기야,
최고의 아들 재휘야,
너희들을 지극히 사랑한다.

나의 예쁜 딸,
모든 여성들의
희망의 불씨가 되어라

예쁜 딸, 네가 어릴 때 네 귀만 잡고 있으면
끌어 당겨 뽀뽀해 줄 때
"세상 최고의 아빠가 되어주마."라고 한 그 약속을
잘 지키고 있는지 매일 돌아보며
네가 잘 되기를 기도한단다.

결혼 적령기가 되어도
결혼에 별 관심 없이 지내는 네게 내가 종종 말했지.
"사위에게 잘해줄 테니 어리바리한 촌놈 하나 데려와 봐.
아빠가 반들반들하게 만들어 줄게."
그러니 엄마가 한 친구의 조카를 소개시켜 주었지.

"아빠가 원하시는 조건이 딱 맞아요.
멀쑥하지요, 포항 촌사람이지요, 자칭 경주 이 씨 양반을
데리고 올 테니 아빠가 한 번 보세요."
그렇게 첫 대면한 이 서방은
첫눈에 마음에 아주 쏙 들었단다.

가진 것 없어도 서로가 알뜰히 사랑하고
겸손하게 위하며 살아가면 하나님께서 다 채워주시니까
아무 걱정하지 말고 차근차근 결혼 준비하라고 했지만
너는 참으로 걱정과 고민이 많았었지.

하나님과 주위의 모든 분들의 축복을 받으며
빛나는 5월의 신부가 되어 결혼한 지도
벌써 5년이 되었구나.
그동안 네가 이루어 놓은 일들이
참으로 많고 장하여 무척 대견하단다.

무엇보다 하나님 최고의 선물,
눈에 넣어도 안 아플 외손주를 주었으니
얼마나 감사한 일인지 모르겠다.

남자는 끝까지 배우고 배워야 한다면서
이 서방을 대학원 박사과정에 입학시킨 것에
감사에 감사를 더한단다.

서울에서 살면서 주거안정이 최우선 과제라며
신혼부부 특별 분양에 신청해서
고덕동 현대 아르테온 아파트를 분양받아
양가 부모님께 부담주지 않으려고
너희들의 퇴직금까지 다 털어서 해결하고
나머지는 융자로 처리했다니
참으로 어여쁘기 그지없다.

이웃들과 잘 지내려 노력하고,
아이들의 장난감도 나누어 가며 사용하고
오빠나 엄마친구가 아이 옷이라도 한 벌 사주면
고맙다는 인사를 열 번도 더하는 너는
언제 보아도 든든하고 믿음직한 보배다.

나의 예쁜 딸,
너는 크면서도 자신에겐 철저히 검소하고,

남에겐 후덕했던 고운 심성을 가졌지.
너보다 어렵고 힘든 친구들을 데려와서
맛있는 음식을 나누고 좋은 것을 선물할 줄 아는
넉넉한 마음을 가진 너.

엄마의 친구가 되어 주겠다고
미국의 좋은 대학 입학 허가를 받고서도
"오빠도 미국에 사는데 나까지 미국으로 가면
엄마가 외로워 안 되니까 나는 엄마 옆에 있을게."
하면서 엄마를 위로한 너는 참 보기 드문 효녀다.

이제는 아빠가 예쁜 우리 딸에게 보답을 하려고
모든 노력을 다 하기로 다짐하고 있단다.
엄마는 몸이 약해 4살이 된 손주를 돌보기가 힘들지만
아빠는 손주랑 있는 시간이 최고로 행복한 시간이다.
이제부턴 내가 다 키워줄 테니까
너는 너의 일과 못 다한 공부를 위하여
자기계발에 최선을 다해라.

예쁜 딸,

더욱 겸손하게 하나님께 감사하고,
주위의 모든 분들의 고마움을 잊지 말거라.
늘 한결같은 마음으로
열심히 살아가려 노력하는 우리 딸을
아빠는 늘 응원한다.

최고의 외손녀 서현아,
최고의 예쁜 딸 지혜야,
최고의 사위 도훈아,
한결같이 사랑한다.

아들아, 성공을 하려면
좋은 아내를 얻어야 한단다

아들아,
영국에 "성공을 하려면 좋은 아내를 얻어야 한다."는
유명한 속담이 있다.

좋은 아내를 얻기 위한 첫 번째 과제는,
네 자신을 잘 수련하고 덕을 쌓아서
주위의 모든 사람으로부터
성실한 사람으로 인정을 받아야만 하며

두 번째 과제는, 열심히 공부하고 노력해서
한 가정과 한 가문을 일으켜 세울 수 있는

능력과 실력을 갖추어야 하고

무엇보다 사람을 귀히 여기는 따뜻한 휴머니티가 몸에 배어
누구와 이야기하든 따뜻하고 온화한 인상을 남겨야 한다.

그런 인품과 실력과 능력을 고루 갖추기 위해서는
주위에 좋은 친구들을 많이 두어야 하고
무엇보다 네 스스로 강인한 정신력으로
무슨 일이 있더라도 당당하게 이겨내는
백절불굴의 의지가 꼭 있어야만
좋은 아내를 얻을 수 있다.

네게 좋은 친구를 만들어 주려고
엄마는 너를 초등학교 5학년 때
전통의 경기고등학교와 최고로 가까운 아파트로 이사 와서
태교부터 좋은 친구, 좋은 선생님을 만나게 해달라고
새벽기도를 하루도 빠짐없이 했고,
지금까지도 드리고 있다.

아빠는 네가 조금 걸어 다녀야

다리에 근육도 올리고
갈 적 올 적 생각의 근육도 키울 수 있을 것 같아
중간에 만나서 빵집도 가고 농구도 하곤 했었지.

네가 대학에 들어간 첫 MT 때 나는 당부했지.
궂은일은 무조건 네가 제일 먼저 하고
이불과 베개가 모자라면 친구들 다 덮어주고
모자라면 너는 책을 베고 자라고.
옷과 양말과 겉옷도 넉넉히 가져가서
얇게 입은 친구나 물에 빠진 친구나
오바이트하는 친구가 있으면 따뜻하게 입도록 배려하라고.
다녀와서 환하게 웃으며 네가 하던 말이 기억난다.
"아빠, 그렇게 하니까 친구들이 갑자기 많아졌어요."

네가 군에 있을 땐
첫 면회를 간다니까 네 부대에 면회 안 오는 병사가
10여 명이 있다면서 음식을 넉넉하게 준비해 오라고 했었지.
그래서 20명 분을 준비해 갔는데도 모자라서
화천 시내에서 조달하고 헤어지면서는
한 사람 한 사람 안아주며

최고의 아들이 될 거라고 격려했던 기억도 새롭다.

너는 혈혈단신으로 도미해서
랭귀지 스쿨부터 무려 5년간 명문 네바다 주립대학(UNLV)을
우수한 성적으로 졸업하고, 첫 개업은 세인트루이스에서 하면서
학교 다닐 때부터 네가 좋다고 졸졸 따라다니는 여학생이 있는데
엄마가 보시고 허락하시면 결혼하겠다는 전화를 받고
엄마 아빠는 얼마나 기뻤는지 지금도 기억이 생생하단다.

엄마가 한 달 먼저 들어가서 한 달 정도 여행하며
고부간의 정을 쌓아서 결혼시키자고 약속하고 갔는데
첫 기착지인 시카고에서 세인트루이스까지 가는 8시간 동안에
어떻게 보였는지 엄마가, "이렇게 예쁘고, 어질고, 유순하고,
겸손하고, 예의 바른 보배 같은 규수는 처음이다."라며
내일 당장 들어와서 결혼시키자고
좋아서 어쩔 줄을 몰라 했었단다.

그때부터 엄마, 아빠의 약속은
예쁜 며늘아기에게 우리가 할 수 있는 모든 노력은 다해서
정성으로 돌봐주고 요구수준은 무조건 제로베이스로 하자고

약속을 단단히 했었지. 그때부터 엄마와 아빠의 암호는
'풀 서비스'와 '제로베이스'가 되어버렸단다.

너는 참으로 운이 좋아 명문가의 무남독녀 예쁜 딸을
아내로 맞아들여 친가, 처가, 아빠, 엄마의 외가까지
네 가문의 축하와 격려와 응원을 다 받고 있다.
이는 모두가 좋은 아내를 얻은 덕분이라 생각하고
네 아내에게 특별하게 잘해야 한다.

며늘아기가 들어오고부터
늘 하던 네 사업이 특별히 잘 되어 살기 좋고
서울의 엄마 아빠가 오기 좋은 시애틀로 넘어와서는
일취월장 성장하고 있으니까 이 모두가
아내 잘 얻은 덕분이란 생각을 많이 한다.

엄마, 아빠는 너희 집에 갈 적마다
어떻게 하면 며늘아기가 좋아할까 생각하며
며늘아기 좋아할 일들만 골라서 하면서
손잡고 출근하는 너희들의 모습과 나란히 퇴근해서
"어머님, 고마워요."하며 엄마 품에 안기는

며늘아기가 최고로 예쁘고 사랑스럽다.

옛날부터 효자효부는 부모가 만든다는 말이 있다.
때로는 밥 먹다가도 며늘아기가
"저는 어머님이 참 좋아요. 한국에 가지 마시고
여기서 같이 살아요."하며 끌어안고 볼을 부비는 모습을 보면서
흐뭇한 미소를 짓곤 했었단다.

지난달엔 연말이라 어머님 용돈을
자부가 말도 없이 보내줘서
은행 본점 외환계의 전화를 받고서야 알았다.
"미국에서 달러를 벌어 보내니 참으로 애국자며,
효부 며느님을 두셔서 참으로 부러워요."
은행 직원의 부러움을 사기도 했다.

그 돈을 받고나서 네 엄마가 바로 자부에게 전화했지.
"이렇게 모두 어렵고 힘들 때는
하후상박으로 일하는 종업원들을 제일 먼저 생각해서
그들에게 특별 보너스와 겨울옷을 한 벌씩 사주거라."
너희들은 엄마의 지시대로 엄마의 배당금을

직원들 특별 보너스와 겨울파카를 한 벌씩 사주면서 말했다고 했지.
"이런 분이 우리 회사 회장님이며 우리 어머니십니다."
그러자 일제히 "원더풀, 원더풀"을 연호했다는 말을 듣고
참으로 기쁘더구나.

근무시간을 분초로 따지는 미국 사람들인데도
퇴근 때 사장인 너의 차가 나가야 일제히 나가는 모습을 보면서
미국 사람들의 의리가 대단하게 느꼈다는 너의 말에
엄마, 아빠는 얼마나 든든했는지 모른단다.

사랑하는 아들아!
좋은 아내를 얻어서 가정적으로 성공을 해야만
사업적으로 성공을 하게 되고, 사업적으로 성공을 해야만
사회적으로도 성공하고, 궁극적인 목적인
사업보국의 꿈을 이루게 된다.

우리의 소박한 바람은
우리 아들이 돈 잘 버는 아들보다
좋은 일을 많이 하는 아들로 기억되길 소망한다.

우리는 가볍고 검소하게 살아가려 노력하고 있으니까
우리 걱정은 하지 말고, 네 사업과 네 직원들과 지역사회와
지역주민들을 위하여 많이 봉사해서 진심으로 사랑받고
존경받는 기업인으로 성장하길 기도한다.

보기만 해도 오금이 저린 손주가
"할머니가 누구야?" 하면
"아빠가 아~회장님 하는 분요."
하기에 얼마나 웃었는지 모른단다.

코로나로 같이 출퇴근하는 손주에게
회장님의 명으로 '애교실장'이란 직위를 주었더니
직원들에게 배꼽인사를 더 잘한다는 얘기를 듣고는
코로나가 잠잠하면 어서 빨리 달려가 안아주고 싶어서
할배 할매는 안달이 나 잠을 이루지 못한다.

요정 같이
예쁘고 착한 며늘아기
참으로 고맙다

모든 일에 신중하던 아들 녀석이 전화를 걸어왔지.
"아빠가 좋아하실 요정같이 착한 아가씨가
제가 좋다고 졸졸 따라다녀요."
"농담하지 말고 솔직하게 얘기해.
네가 좋아하는 아가씨가 생긴 모양이구나?"
"네, 아빠는 무조건 좋아 하실 게 뻔한데요.
엄마가 보시고 오케이 사인이 떨어지면
바로 결혼하겠습니다."
그 전화를 받고 얼마나 좋았던지
지금도 그때의 감동이 생생하단다.

엄마는 몸이 약해 비행기 타는 것이 부담되니까
미국의 첫 기착지인 시카고까지 마중 나와서
꼭 모시고 가도록 하라고 했었지.

시카고에서 세인트루이스까지 차로 가면서
8시간 예비 자부인 너와 이야기를 나눈 네 시어머니는
이런 보배를 왜 이제야 만났나 싶었다고 하더구나.

착한 며늘아기야,
네 시어머니랑 한 달 지내면서 얼마나
시어머니의 혼을 빼앗아버렸던지
"아들보다 며늘아기가 훨씬 나아요."
하는 전화를 매일 걸어왔단다.

호텔에서 조촐하게 결혼식을 마치고
너희들의 신혼여행보다도 미동부와 캐나다를 잇는
엄마 아빠의 최고급 투어를 준비해서
"어머님, 아버님 즐거운 리마인드 웨딩 투어가 되세요."
하면서 보내준 여행을 평생 잊을 수가 없단다.

미국에 갈 때마다
어머님께서 한 달 먼저 오셔서 구경하시다가 아버님이 오시면
같이 지내다 가시게 하려고 세심한 배려를 다해주고
시어머니와 자부가 아닌, 언니 동생같이 친한 사이로
생머리 날리며 오픈카로 스피드도 즐기고,
쇼핑도 즐기며 심지어는 둘이서 카지노까지 가서는
깔깔거리고 웃다 오기도 하는 넌
참으로 예쁘고 착한 요정이다.

네 표현에 의하면 '라이크 피쉬',
물고기처럼 수영을 잘한다는 시어머니를 위하여
일주일에 한 번씩은 수영장이 완비된 최고급 호텔에서
호캉스를 즐기며 손주와 물놀이를 즐기게 배려하는 너.
"저도 수영을 배워서 여자 3대가 한 수영장에서 놀도록
수영장이 있는 집을 장만해야겠어요."라는 말은
참으로 흐뭇했단다.

우리가 가기만 하면 매일의 스케줄을 짜두고
하루에 한 끼는 맛집에서 식사하게 하면서
"어머님, 제가 게을러서 밥하기 싫어서요."

애교를 부리는데 누가 너를 미워할 수가 있을까?

어머님이 계시는 동안 일주일에 한 번은 호캉스,
한 번은 가든파티, 하루에 한 번은 외식.
어머님이 반찬 한 가지라도 해주시면
열 번은 "어머님 음식솜씨가 지상최고예요."
칭찬하며 맛있게 싹싹 비워내는 너는
거의 여우에 가까운 요정이라
손주도 너를 꼭 닮았단다.

한국에 있는 나이 많은 시누이가 아기를 낳았다고
출산 축하금도 두둑이 보내주고, 첫돌 때는 금팔찌 하라고
시가에서 깜짝 놀랄 큰돈을 보내주었지,
아기 옷을 유명 메이커로 10벌이나 사서 보내주었더니
딸의 시어머니께서 "오빠, 언니께 특별히 잘하라."고
신신당부를 하셨다는구나.

마음이 부자고 무남독려로 홀로 자라서
형제가 생겼다는 것을 너무 좋아하는 너.
나에게 멋진 옷을 선물해 주어서

"우리 며늘아기가 최고구나." 웃으며 칭찬하면
"장동건보다 더 멋진 우리 아버님이 최고예요."
너스레도 떨고, "놀고 있구나."라는 시어머니 핀잔에도
"어머님도 최고예요." 하며 웃는 밝고 예쁜 너.

내후년은 내가 칠순을 맞이한다고
한 달 예정으로 시누이 가족까지 모두 3가족을 초청하여
북미투어를 계획하고, 네가 추진위원장을 맡아서
꿈의 투어를 계획하고 있다니 나는 참으로
복이 많은 사람이라는 생각이 드는구나.
지금도 네 시어머니는 가끔 잠이 안 오면
"아들 손주도 보고 싶지만 여우같은 며늘아기가 보고 싶어."
하면서 코로나가 하루 빨리 끝나기를 기대하고 있단다.

참으로 예쁜 요정 같은 며늘아기야,
너로 인해 우리 가문이 별처럼 빛이 난다.
모두들 며느리 하나는 금세기 최고로 맞았다며
부러워한단다. 예쁜 며늘아기야,
우리 가족이 되어줘서 정말 고맙다.

착한 이 서방, 참으로 고맙네
항상 따뜻한 사람이 되시게

자네의 외삼촌이 우리 집사람과 초등학교 동창이라는
좋은 인연으로 우리의 사위가 된 것을
참으로 하늘이 맺어 준 천생연분이라고 생각한다네.

자네는 명문대가 경주 이 씨 집안의 2남 1녀 중 차남으로
"마음씨 하나는 무척 착하니까 마누라 속 썩이지는 않을 거네."
하시던 자네 외삼촌의 겸손함이 너무나 좋았다네.

자네를 처음 본 순간부터 '난 착해' 하는 듯한 인상과
가정교육을 참으로 잘 받은 반듯한 청년이라는
생각을 많이 했다네.

난 그 순간 결심했지.
"내가 이 친구를 아들처럼 생각하고
가장 친하게 지내는 최고의 '옹서지간'을 만들자."
내가 우리 장인어른께 받은 사랑을
그대로 자네에게 되돌려 주겠다는 마음이 들더군.

우리 장인어른은 명문대가 한훤당 김굉필 선생의 27세손이며
서흥 김 씨 영남종파 장손으로 겸손하시고
맏사위인 나에게 무척 잘해주셨다네.
경북 청도에서 큰 과수원을 두 개를 하시면서도
내가 휴가를 간다고 하면 힘든 일은 모두 다 미리 해두셨지.
"자네는 처남과 처삼촌들과 낚시나 천렵이나 다니면서
푹 쉬었다가 가시게. 처가는 쉬는 곳이라네."
너그럽게 웃으시던 장인어른이 그립군.

이 서방,
부족하고 자랑할 것 아무것도 없는 철부지 우리 딸을
알뜰하게 아껴주고, 위해주고, 사랑해주는 모습은
보기만 해도 참으로 고맙고 사랑스럽다네.

내가 돈이 없어 자네에게 큰돈도 줄 수가 없고,
권력이 없으니 힘이 되어 줄 수도 없고,
명예도 없으니 자랑도 되어주지 못함이
참으로 미안하다네.

다만 한 가지 자신 있게 해줄 수가 있는 것은
좋은 친구 같은 장인이 되어주겠다는 약속이라네.
우리 장인어른께서 해주셨듯이 처갓집에 갈 때마다
사랑채에서 함께 자며 새벽에 기침하시면
"김 서방 일어났는가? 사과밭에 가보세.
우리를 기다리고 있을 걸세."
새벽이슬 머금은 사과 중 최고로 맛있는 사과를 따주시면서
"올 농사도 참으로 잘되었네. 첫 소출은 자네에게 보냄세."
하시던 모습이 지금도 선하다네.

이 서방,
착하고, 순수하고, 겸손하고, 인사 잘하는 자네가
나는 누가 뭐래도 최고의 사위로 여긴다네.
좋은 사위를 주신 하나님의 은혜에
너무나 감사한 마음일세.

우리 장인어른께 받은 사랑의
반에 반도 못 미치겠지만
항상 자네가 처갓집은 편안한 곳으로
여겨주었으면 좋겠군.

회사에서나 집에서나 누구에게나 잘하고 있지만
찾아오는 사람이나 찾아갈 사람이나 모두에게
참 따뜻한 사람이라는 인상을 남기도록 노력하시게.
많은 세월이 지나고 돌아보면 늘 따뜻한 사람이
기억에 가장 오래 남는다고 나는 생각하네.

자네를 반듯하게 키워서 우리 집 사위로 보내주신
하나님과 사돈어른께 진심으로 감사하며
자네에게 우리 딸이 더 잘하게 독려하고 가르치겠네.

아내의 손편지

가을바람이 소슬하게 불어오고 추석이 다가오면
아내에게 고마움과 미안함과 감사함이 밀물처럼 밀려와서
먼 하늘을 바라보곤 한답니다.

중학교 동기동창으로 만나,
하나님과 장인어른과 아버님의 합의로 짝지어주신 아내가
나에게는 어느모로 보나 분에 넘치게 좋았습니다.
아직도 바라보기만 해도 감사한 마음이 샘솟습니다.

가난한 집안에 시집와서 가난한 선비인 시아버님과
새로 들어오신 새 어머님을 한결같이 잘 모셔주었으며,

지방근무가 잦은 남편을 대신하여
아이들을 티 없이 잘 키워 훌륭한 어른으로 성장시켰으니
이보다 더 훌륭한 아내가 또 있을까요.

마지막 지방근무인 대구지사장을 끝내고
서울 본사로 들어오기 전에 받은 아내의 마지막 손편지는
27년이 지난 지금도 늘 가슴에 품고 다니며
힘들 때마다 꺼내보며 용기를 얻습니다.

존경하고 사랑하는 당신에게

하루 종일 복합적인 원인에서 편치 못한 몸과 마음으로 지냈는데
저녁나절에 당신의 편지를 받고 보니
비온 뒤의 활짝 갠 하늘 같이 맑아지네요.

정말 고마워요.
생기가 돌고 기운이 나는 듯하답니다.
오늘따라 당신의 사랑을 확인이나 한 것 같은 느낌에
정말 기분이 좋아요.

늘 당신의 사랑에 감사드릴 줄 알아야 하는데

잊고 살았던 것 같아요.

이 세상 어느 누가 뭐라 해도 당신은 나를 좋아하고

진정으로 사랑하고 있다는 것을 나는 잘 알고 있답니다.

여태껏 우리 아이들이 많은 재롱을 부리고

우리 부부에게 즐거움을 듬뿍 주었지만,

이제부터는 즐거움보다 더 앞서 걱정스럽게도 할 것 같죠?

당신이나 나나 욕심이 많아서인지

늘 남보다 더 잘 될 수 있도록 키워주고 싶은데

그렇지 못할 때는 너무 속상해요.

하지만 부모로서 할 도리는 최선을 다해서 해야겠지요?

이 세상에서 남부러운 것이라곤 없었는데

아이들이 크니까 남보다 더

공부나 열심히 좀 해줬으면 하고 바래요.

그보다 더 중요한 게 있지만 (먼저 인간이 되어야지요).

당신은 멀리 있긴 하지만 우리 아이들과 저를 위해서
많은 기도와 격려를 부탁해요.
삐뚤어지지 않고 바른 길로 갈 수 있도록.

당신이 원하는 기도를 하나님은 꼭 들어주실 거예요.
당신이나 나나 정말 흘러간 17년을 돌이켜볼 때
너무나 열심히 살았는데
물론 앞으로도 더더욱 열심히 살아갑시다.

서로가 아끼고 사랑하며 남은 생을
보다 보람 있고 참되고 진실하게 살아요.
내가 시집 하나는 확실한 데 온 것 같죠?

여보! 정말 고마워요.
짧은 시간이나마 당신을 미워도 해보았고
의심도 하면서 지냈는데
그건 당신이 너무 괜찮은 남자니까 그런가 봐요.

가끔씩 내가 당신이 집에 왔을 때
아이들 문제로 투정부리고 하는 것 조금은 이해해주세요.

내가 욕심이 좀 많잖아요.

진짜 축하해요.
당신이 그 좋아하던 담배를 끊은 것, 정말 고맙기 짝이 없어요.
죽을 때까지 끊을 거지요? 하늘에 약속했어요!

오늘은 당신이 너무 보고 싶었어요.
아이들에게 지친 제일 힘이 드는 날이 언젠지 당신은 모르죠?
바로 금요일이에요.
토요일은 즐거운 날이지요(자기가 오니까).
여보! 이만 줄일게요. 내일 만나요.
얼굴 간지럽혀 줄게요.

- 1995. 4. 14 금요일 밤에
　　당신의 영아가

오래된
고향 편지

저에게는 참으로 소중한,
저보다 열두 살이 많은 사촌 형님이 계셨습니다.

집안이 넓어
남자 사촌 19명, 여자 사촌 9명으로
모두 28명이나 되었지만 그중에서도
초등학교도 다 졸업하지 못하고 오직 농사일만 하셨지만
마음이 따뜻해서 제가 존경하는 형님이랍니다.

항상 새벽 4시면 일어나서
동네를 방문하는 모든 분들을 위하여

동구 밖 큰길까지 훤하게 비질을 하시고
가물어 못에 물을 빼어 모내기를 할 때라도
위 논부터 차례로 하다가도 형님의 논 차례 때는
아래 논 먼저 하라고 양보를 하시고요.

여름 내내 뙤약볕에 고추농사 지어
고추 판 돈 천여만 원을
아르바이트 하던 학생의 어머니 입원비로
선뜻 내어주시는 형님입니다.

모내기 할 때부터 논에 가서 잡은 미꾸라지를
독에 모았다가 제가 추석에 고향에 가면
우물가 토란대 많이 넣고 추어탕을 끓여주고
추석 때 못 가면 한 달 동안 기다리고 계시는
맘 좋은 형님입니다.

가을이 접어들면 소나무 많은 산을 다니시며
피지 않은 귀한 송이버섯을 따다
소중하게 보관하였다가 저에게 보내 주셨는데,
그런 형님께서 지난겨울에 돌아가셨어요.

형님께서 매일 밤, 제가 보낸 농촌진흥청에서 발간하는
『고향사랑』 창간호에 실린 고향편지를 보면서
하루 피로를 푸셨다는 형수님의 말을 듣고
한없이 울었답니다.

농사에 관해서는 누구보다 박사라서
제가 늘 "박사형님!" 하고 부르면
눈가에 주름을 가득 지으시며
박꽃같이 웃으시던 형님이 그립습니다.

형님께서 떠나시고 처음 맞는 추석과 가을은
코로나까지 더하여 너무나 외롭고 쓸쓸하여
형님의 빈자리가 더없이 크게만 느껴집니다.
형님께 보내드린 20년 전의 오래된 고향편지를 읽으며
형님을 추모하며 삼가 명복을 빕니다.

고향에 띄우는 편지

제 고향 경북 청도군 풍각면 안산2동 녹평리는
마을 이름인 사슴 '녹', 들 '평'이 얘기하듯이

사슴이 새끼를 품고 누운 듯한
너무나 평화롭고 아름다운 마을이랍니다.

천혜의 배산임수의 명당으로
마을 앞으로는 시냇물이 사철 휘감아 흐르고
뒤로는 늘 푸른 산이 병풍처럼 둘러쳐져서
보기만 해도 항상 포근하고 따뜻하답니다.

한 겨울에도 온 대지에 불을 지핀 듯 온기가 돌아서
눈은 내리자마자 하얀 입김을 내어 뿜으면서
금방 녹아버리고 맙니다. 그래서 그런지 고향 분들은
다들 사슴을 닮은 듯이 유순하고, 겸손하고, 착하고 부유합니다.
그 중에서도 제일 착하신 분은 역시 사슴을 가장 많이 닮은,
저의 사촌인 김석동 형님입니다.
형님께서는 단 한 번도 싸워 남을 이겨 이기지 않으시고
양보를 하셔서 영원히 이기신 분이랍니다.

동네에서 가장 무섭고 엄한 숙부이신 아버님을
50년이 넘게 한결같이 지극정성으로 잘 모시면서도
단 한 번도 아버님의 명을 어긴 적이 없으시고

아버님이 부르시면 아무리 피곤한 오밤중에라도
바로 앞집이라 금방 달려오시던 형님은
다섯 아들보다도 훨씬 소중한 아버님의 조카였답니다.

재작년 여름, 형님께 들렀을 때는
큼직한 양파자루에 처마 끝에 달아놓은
씨 마늘까지 형님의 굵고 투박한 손으로
꾹꾹 눌러서 넘치도록 담아주시며
"서울에는 이런 것도 귀하제?
적더라도 형님, 누나, 동생들과 나누어 먹으래이."
차가 비좁게 실어주셨지요.

그런 형님을 보면서 '이게 형제구나.'싶어
눈물이 핑 돌았답니다. 형님께서도 눈물이 보일까 봐
서로 눈을 마주치지 않으려고 먼 산을 바라보며
흙 묻은 손을 툭툭 터시면서 말씀하시곤 했어요.
"나중에 아부지 안 계시더라도
일 년에 한두 번은 꼭꼭 고향 찾아 오너래이."

무심한 세월은 말없이 흘러

그토록 형님께서 지극정성으로 모시던 아버님께서
돌아가신 지도 올해로 만 10년이 되었답니다.

아버님이 계시지 않더라도
일 년에 한두 번은 꼭 고향 찾아오겠다던
형님과의 약속은 무슨 일이 있더라도 꼭 지키려 했었는데
사는 게 뭔지 바쁘다는 핑계로 작년엔 그만
그 약속을 지키지 못해 지금도 항상 죄스런 마음으로
꼭 해야 할 일을 하지 못한 듯이
마음 한 구석이 늘 허전했습니다.

올 여름 휴가 때는 열일을 제치고라도
제일 먼저 찾아가서 고된 농사일 하시는 형님에게
피로회복제 같은 약주 한 잔을 꼭 대접해 드리겠습니다.

"그리움은 촌수 따라 간다"더니 한 다리가 천 리라고
아버님이 계시지 않으니까 그만 고향이 저 만큼
멀어진 기분이 들어 마음이 늘 허전합니다.

아버님이 계실 때는 형님 집 마당에서

소꼴을 깔아 놓고 애기 기저귀로 즉석 샅바를 만들어서
형제들끼리 씨름도 하곤 했었지요.

제가 어렸을 적에는
갓 타작한 겉보리 한 소쿠리를 주면
자두나무 집에서는 자두 한 소쿠리를 주고,
살구나무 집에서는 살구 한 소쿠리,
과수원집에서는 이가 시린 풋사과를 한 소쿠리씩
서로 바꿔 먹기도 했었어요.

형님!
'빈 나이'만 먹어 50이 된 지금에서야
그때가 가장 소중하고 아름다웠음을 알게 되었으며
'품 안의 자식이고 울안의 형제'라고
형님의 고마움을 모르고
다들 떠나고 나면 그만이구나,
하실 것만 같아 늘 죄송한 마음뿐이랍니다.

그러나 항상 마음이 넉넉하시고
영혼이 아름다워 눈이 맑으신 형님을 생각할 때마다

크게 웃으시면 깊게 패는 주름살마다
깊은 우애의 강물소리가 들리는 듯합니다.

아버님이 사시던 고향집이 그립고
형님이 보고 싶어 약주라도 한잔 하게 되면
꼭 빠지지 않고 형님께 바치는 노래,
'고향무정'을 부르면서 형님을 생각합니다.
부디부디 건강하시라고.

사촌도 형제인데 형님이 계시는 동안
자주자주 찾아뵙겠습니다.

끝으로 형님!
올해 농사 잘 지어서 형님보다 더 착한 아들 재용이
장가보내서 착하고 예쁜 며느리 꼭 보세요.

형님 정말 보고 싶습니다.
그리고 고향의 영돌 아재, 태돌 형님,
옥산 아지매, 부동이, 향동이
모두에게 안부전해 주시면 고맙겠습니다.

그럼 다시 뵐 때까지 건강하게

안녕히 계십시오.

- 2001년 8월에

  서울에서 종제 길동 드림

형제란?

세모의 12월을 맞이하니
고마운 분들의 생각이 많이 납니다.
특히 어릴 적 저희들을 사랑방에 옹기종기 앉혀놓고
옛날얘기 해주시던 아버님이 그립습니다.

아버님의 형제는 5남1녀로
제일 위로 고모님이 한 분 계시지만
일찍 결혼하셔서 일본에서 사셨고
첫째 큰아버님은 일찍 돌아가셔서 기억에 없습니다.

둘째 큰아버님께서 넷째 큰아버님을 데리고

돈 벌어 오겠다고 일본 징용에 자원을 하셨답니다.

어렵고 힘들어도 고향의 처자식과 형제들을 먹여 살리려고
먹을 것도 입을 것도 절약해서 돈을 벌면 버는 대로
모두 다를 고향으로 송금을 해주셔서
아들 셋 딸 넷을 고위직 공무원도 만들고,
사업가도 만들고 잘 살았답니다.

해방이 되고 나서 둘째 큰아버님께서는
처자식이 있으니까 고국으로 돌아와서 부산에 정착을 하셨지만
넷째 큰아버님께서는 일본에서 결혼해서
일본에 정착을 하셨답니다.

막내이신 아버님께서
부산에 계시던 둘째 큰아버님이
연세도 많으신데 탄광의 막장에서 일하면서
얻게 된 천식으로 기침이 심하신 게 안타까워
공기 좋고, 물 좋은 고향으로 반 강제로 모셔오셨습니다.
우리 집 바로 옆에 둘째 큰아버님이 사시게 되었답니다.
아버님께서는 새벽에 큰아버님의 기침소리만 들리시면

어김없이 건너가셔서 제일 먼저 놋요강을 비우시고,
황도 깡통의 가래침을 버리시고
정담을 나누시며 일과를 시작하는 것이 낙이라고 하셨습니다.

1일, 6일의 고향 풍각 장날에는 일부러 가셔서
싸전의 쌀 값과, 고추전의 고추 값,
소전의 소 값을 소상하게 알아 오셔서
재미나게 세상 이야기를 들려주셨지요.

최고로 의좋은 형제로 지내시다
큰아버님의 병환이 깊어져서 몸져누우시고부터는
아버님께서 모든 일을 그만두시고 큰아버님
병구완만 전념하셨답니다.
그러나 극심한 천식을 이기지 못하시고
큰아버님께서 돌아가시자 아버님의 상실감은
이루 말로 할 수가 없었습니다.

그로부터 몇 해가 지나시고
하루는 아버님께서 갑자기 저에게
일본에 가서 넷째 큰아버님을 만나 뵙고

돌아가신 큰어머님 유해를 봉안해서
선산에 모셔오게 하라는 특명을 내리시며
무슨 수를 써서라도 큰아버님을 설득해서
확답을 받아 오라고 하셨습니다.

그러지 않아도 다음달에 동경 출장 계획이 있어서
짬을 내 오사카에 계시는 큰아버님을 뵙고 오려던 참이었습니다.
"유해만 모셔오면 선산의 네 엄마 산소 옆에 모시고
큰아버님도 돌아가시면 선산에 모셔서
살아서는 형제가 떨어져 살았지만 죽어서는
절대로 떨어지지 않을란다."

출장 준비보다도 큰아버님을 설득할 수 있도록
큰아버님의 선물을 신경 써달라고 아내에게 특별히 부탁하여
고향의 특산물과 한복과 호박단추를 크게 단 마고자에
멋진 두루마기까지 준비하여 찾아뵈었더니
큰아버님께서 무척 좋아하셨습니다.

큰아버님께 아버님의 뜻을 전하면서
"우선 큰어머님 유해부터 모셔다가 선산에 봉안하고

나중에 큰아버님께서 돌아가시면 꼭 고향 선산에 모셔서
그렇게도 오매불망 그리운 형제들이
나란히 누워 천국을 누리시게 하겠습니다."
그 말에 눈물을 흘리시며
좋아서 어쩔 줄을 몰라 하시더군요.

당장 다음달에 부산 김해로 입국하시면
아버님과 마중 나가서 최고로 정중하게 모시겠다고 약속하고
꽃피는 4월에 참으로 아름다운 이장을 했습니다.
꿈에도 그리던 5형제 중
마지막 두 형제가 서로의 유택을 가리키며
"형님은 이 자리에, 저는 저 자리에.
죽어서는 절대로 헤어지지 맙시다."
하시던 모습이 선합니다.

아버님과 큰아버님 네 분으로 인해
형제란 저토록 애틋하게 그립고 보고 싶고 사랑이 넘치는데
우리 5형제도 아버님의 사랑과 우애를 물려받아
더욱 의좋은 형제로 살도록 노력하자고
다시 한 번 각오를 다집니다.

아들아,
더 감사하고 더 겸손하자

아들아, 설날이 가까워지면
네가 더 많이 보고 싶다.
네 나이의 청년들을 보면
더욱 네가 그립다.

사슴같이 어질고 순하디 순한 눈빛으로
무슨 사업을 할까 싶어 걱정도 많이 했지.
그것도 세계최고의 경쟁력을 자랑하는 미국에서.
사업을 시작한다고 했을 때, 엄마와 아빠는
너에게 힘이 되어 주지 못해서
미안하고 어떻게 하면 도움을 줄까만을 고심했단다.

하지만 특별한 방법이 없어서 오직 기도만 했었어.

화합과 조화를 중요시하는 너는 특유의 친화력으로
많은 분들께 사랑과 아낌을 받았지.
'낮추어야 사랑이 고이지요'
그렇게 시작한 사업들이 하나 둘 자리를 잡아가니
엄마 아빠의 걱정이 반으로 줄었단다.

"일이 잘되면 잘될수록 더욱 낮추고,
감사하고 겸손해지게 돼요."
네 말을 들으면서 흐뭇한 미소를 지으면서
하나님께 감사기도부터 드렸단다.

사업을 열심히 해서 엄마 아빠를 기쁘게 해드리고
외화를 많이 벌어들여 사업보국하고
돈 없어 공부 못하는 학생들에게 힘이 되어주는
장학 사업에 도움을 주겠다는 너의 소박한 꿈이
하루 빨리 이루어지기를 기도한단다.

지금도 엄마는 하루 중에 네가 일을 마치고

즐겁게 엄마에게 사업보고를 하는 시간이
최고로 행복하다며 항상 신바람이 난단다.

올해는 너의 결혼 10주년과 네 여동생 결혼 5주년을 기념해서
미국 전역을 여행하며 감사기도와 전도를 하려고 한다.

또한 엄마 아빠는 아무리 바빠도 너의 사업장을 다 다니며
전 종업원들 한 사람, 한 사람의 손을 잡으며
아들을 잘 도와주셔서 고맙다는 인사를 꼭 하려고 한단다.

아들아,
나는 세상에서 제일 아름다운 모습이
'부자유친'의 모습이라고 생각한다.
너희 집에 갈 적마다 차를 마실 때나, 밥을 먹을 때나,
가든파티를 즐길 때나, 운동을 할 때나, 너의 모습이
참으로 믿음직하고 최고로 자랑스럽다.

효심도 지극하여 결혼할 때 첫 번째 조건이
"우리 엄마 아빠를 잘 모셔야 한다."였다는 말을
며늘아기에게 듣고서 감동했었다.

지금도 며늘아기가 나를 부를 때
장동건보다도 더 멋진 우리 아버님이라고 하면
너무 행복해 쓰러질 것만 같단다.

같은 미국에 사시는 친정엄마보다도 시어머니인 네 엄마에게
더 자주 전화한다는 우리 며늘아기의 온화한 마음씨에서
언제나 향긋한 꽃내음이 난다.

며늘아기가 손주에게도 늘 말한다고 하더구나.
"제인아, 한국의 할머니와 할아버지는 정말로
훌륭하신 분이야. 다음에 오시면 애교도 많이 부리고
인사도 잘하고 귀여움도 많이 받으렴."
그래서인지 전화할 때마다
빨리 오라는 손녀의 독촉이 이만저만이 아니란다.

또 한해가 저물고 새해가 밝았으니
더 많은 일들이 너를 기다리고 있겠지만
언제나 어느 때나 한결같이 낮추고 겸손하고
매사에 감사하면 그 자체가 행복으로 돌아온단다.

올해는 좀 더 길게 휴가를 받아 너희 집에서
너를 출근시키며 나보다 커버린 너를 안고 말하련다.
"아들아, 사랑한다. 오늘도 더 감사하고
더 겸손하자. 그러면 더 행복해진단다."
듬직한 네 등허리를 따뜻하게 쓰다듬어 주련다.

올 한 해를 돌아보니
모든 분들께
감사한 일뿐입니다

일시적으로는 아내가 다쳐서 입원도 했었고,
지금도 재활치료 중이지만 일상생활에 크게 지장이 없으니까
그만하기 다행이라 감사기도 드릴 수 있고,
앞으로는 더욱 조심할 수 있어 감사합니다.

연세 드신 장모님께서
텃밭에서 넘어지셔서 혼수상태에 빠졌을 때,
제발 일어 나셔서 손 한번 잡아주시면
소원이 없을 것 같더니 아니나 다를까
건강히 일어나셔서 종가를 지키시니 더없이 감사합니다.

코로나 확진자의 밀접 접촉자로 분류되어
2주 동안 자가격리를 했었습니다.
그 시간 동안 나 스스로를 돌아보며
일생동안 살아온 반성문을 쓰면서 많은 것을 뉘우쳤습니다.
겸손하고, 작게, 낮게, 아래로 낮추지 못하고 살았음을
반성할 기회를 가질 수 있어서 감사합니다.

보기만 해도 오금이 저린 손주가 입원했을 때는
내가 대신 아파주지 못해서 안타까웠지요.
밤새워 철야기도 끝에 다시 건강을 찾았을 때는
그보다 감사한 일이 없었습니다.

뿐만 아니라 잘하는 것, 잘난 것, 내세울 것,
하나 없는 저를 주위의 친구들은 너무나도 좋아서
어디를 갈 때나, 맛난 것을 먹을 때나 좋은 것만 생기면
저를 불러주시니 이보다도 좋은 일이
세상에 또 있을까 한답니다.

미국에 살고 있는 착한 아들과
며느리가 2년 동안 코로나 때문에 못 왔으니

내년에는 무슨 일이 있더라도 꼭 들어오셔서
예쁜 손주의 재롱도 많이많이 보시며
느긋하게 쉬셨다가 가시라고
독촉이 대단하니 참 고마운 일입니다.

저희 부부께 예쁜 외손주를 선물했다며
효도는 이렇게 하는 거라고 으쓱대는
딸내미 내외의 자랑을 받아주는 것도
몹시 흐뭇합니다.
죽을 때까지 배움을 놓지 말라고 독려하면서
사위에게 박사과정을 시작하라고 했더니
두 말 없이 입학해서 공부하는 사위가 장합니다.

나이가 들수록 아내의 소중함이 더 절실합니다.
하나님께서 철없고 못난 제게 은혜와 축복을 베푸셔서
어질고 착한 아내를 만나게 해주신 것도 참 감사합니다.
하여 언제나 위태위태하고, 좌충우돌하고, 위험천만한
옹기작대기 같은 저를 사람답게 살아가도록 이끌어주고 있는
아내에게 매순간 고맙고 감사합니다.

아직도 철부지를 벗어나지 못한 저를
출근할 때마다 차 조심, 말 조심, 인사 잘하고,
잘난 체하지 말고, 흙처럼 겸손하게 살라고
신신당부하고 있는 아내가 사랑스럽습니다.

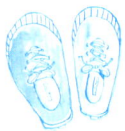

3장

아름다운 어깨동무
―서로에게 기댄 듬직한 친구들께

사랑의 쓰리쿠션

저에게는 평생 잊지 못할
귀하고 좋은 친구가 한 사람 있는데
그 친구는 고등학교 1학년 때 짝꿍인
대구의 김재수 사장이랍니다.

제가 졸업한 대구 대건고등학교는
학교가 명문이라 수재들도 많았지만
가톨릭 재단으로 명문가의 자재들이 많았습니다.
그중에서도 명문가의 장남인 김재수 사장은
집이 학교에서 가까운 남산동의 정원이 잘 가꾸어진
이층 양옥집 아들이었지요.

청도 촌놈인 제가 보기엔 궁전 같은 멋진 저택이었으며,
가난한 자취생인 저에게 친구 어머님이 차려 주시는
따뜻한 고봉밥은 평생 잊지 못할 감동이었답니다.

특별한 일이 없으면 같이 하교해서
친구의 집에서 밥을 먹고
자취방으로 가곤 했었습니다.

심지어 친구가 없을 때도 어머님께서
"우리 아들 왔구만."하시면서
식구들과 함께 식사하고 자고 오기도 했었지요.

봄, 가을 소풍 때마다 어머님께서
오색 김밥과 입에 녹는 유부초밥을 싸주셔서
앞산 고산골과 청천 유원지의 포플러 그늘이
더없이 아름답고 멋있게 보였답니다.

"이 은혜를 제가 꼭 열 배 이상 갚아 드릴게요."
어머님께 말씀드리면 어머님께서 싱긋이 웃으시며
"너는 내 아들 같으니, 재수랑 잘 지내고 훌륭하게 자라는 것이

최고의 기쁨이라네."라고 하셨습니다.

그로부터 한참의 세월이 흘러서
아들이 대학에 들어가면서 항상 가슴에 무거운 짐으로 남아 있던
친구 어머님에 대한 약속을 지켜 드려야겠다고 마음먹었습니다.
아들이 신입생 첫 MT를 간다고 하기에 아들에게
"아빠가 옛날에 고등학교 다닐 때, 친구인 재수 아저씨 집에서
밥도 많이 얻어먹고 잠도 자고 신세도 많이 졌는데
네 친구 중에 지방에서 올라와서 잠 잘 데나 밥 먹을 곳이
마땅치 않으면 데리고 오거라." 했더니
아들 녀석이 기다렸다는 듯이
"우리 학교는 명문이라
시골의 수재들이 아주 많아요."하더군요.

그때부터 금요일 저녁만 되면 집이 붐빕니다.
열 명 미만이면 제 방과 빈방에서 나누어 자지만
열 명이 넘으면 제 동생까지 큰방으로 보내고
세 방을 다 차지한답니다.

집사람은 아침에 현관에 벗어놓은

낯선 신발의 수만큼 식사를 더 준비합니다.
밥을 두 솥 해놓고, 들통 하나에 육개장이나 북엇국이나
미역국을 끓여놓고, 라면까지 스무 개쯤 올려놓고
운동을 갔다가 집에 오면
설거지와 청소는 깨끗하게 해두고
"어머님, 감사합니다. 사랑합니다. 존경합니다."
쓰인 큼직한 메모를 남겨둡니다.

그런 사랑으로 키운 아들들이 지금은 큰 힘이 되어
코로나의 사태가 심해져 마스크 사기가 어려울 때는
제일 먼저 구해왔으며, 계절이 바뀔 때마다
비타민이 많다고 황금향이다 천혜향이다 배다 사과다
명절 때마다 최고급 건강식품과 갈비 상자를 들고 오니
고맙기만 하지요.

아들, 딸 친구들 결혼식에 축하하러 참석하면
본인들보다도 항상 그들의 부모님들께서 무척 반가워하시고
감사해 하셔서 어떤 때는 민망할 때도 있었답니다.

'적선지가는 필유여경'이라고

그 후, 친구 재수는 대구의 명소인 달성군청 옆에
사랑의 빵집인 〈독일 베이커리〉를 개업하여
성황리에 운영하고 있으며, 빵을 좋아해 '빵순이'란 별명을 가진
딸내미가 내가 대구 가까이 갈 일만 생기면
최고로 맛있는 〈독일 베이커리〉 빵은
꼭 사오라고 성화입니다.

또한 친구는 자녀도 잘 키워서
맏이인 딸이 수재라서 교사로 근무한다기에
집사람에게 지령을 내렸습니다.
"최고의 신랑감을 한 사람 찾아보세요."
"왜요?"
"예쁘고, 겸손하고, 학벌 좋고, 직장 좋고, 부모 좋고,
가문 좋고, 부자인 재수 친구 딸의 남편감을 추천해 줍시다."
그 말에 아내가 더 반가워하더니
대기업에 다니면서 박사 과정 중인 보기 드문 신랑감을
소개했습니다. 결국 결혼하여 아들까지 두었으니
이보다 더 기쁜 일이 있을까요.

사랑의 쓰리쿠션은

사랑이 돌고 돌아 열 배 백 배의 큰 사랑으로
내게로 되돌아오는 것을 재미있게 표현해 본 말입니다.
그 사실을 기억하며 올 한 해도 사랑을 실천하며 살겠습니다.

지금까지의 날들을 뒤돌아보며 생각하니
모든 순간이 사랑이고, 은혜이고
감사한 일뿐입니다.

코로나의 긴 터널이 언제쯤 끝날지 모르지만
모두에게 격려와 응원과 배려와 나눔의 아름다움을 실천하여
거뜬히 이겨내는 한해가 되시기를 간절하게 기도합니다.

죽어도 잊지 못할
고마운 친구에게
이 편지를 드립니다

50년 전 1971년, 우리는
꿈 많은 고등학교 2학년 학생이었습니다.

그해 4월은
저에게 최고의 시련과 슬픔의 나날이었지요.
47세의 꽃같이 고왔던 어머님이
다섯 아들과 아버님까지 철없는 남자 여섯만 남겨놓고
위암으로 하늘나라로 거처를 옮기셨으니
그 적막함이 오죽했겠어요.

한창 사춘기,

무서울 게 하나 없는 천방지축의 나이에
세상의 전부인 어머님을 잃었으니
아무런 희망도 없어지고
무슨 영광 보겠다고 공부를 하냐 싶어
수업도 안 들어가고 운동장의 돌멩이만 차고 다닐 때,
친구들이 다가와 따뜻하게 손 잡아주고,
도시락도 나누어 먹고, 도서관에서 공부하다 배고프면
학교 앞 라면집에서 라면 국물에 밥 말아 먹으면서
힘내라고 격려해준 그 친구들을
꿈엔들 잊을 수 있겠으며,
죽어서도 어찌 잊을 수가 있겠습니까?

제가 결혼할 때는
고등학교 때 교감선생님이 주례를 서주셨어요.
큰 사업을 경영하시는 동기생 김기성 친구의 아버님이신
김노설 선생님이셨는데 어찌나 사랑과 인정이 많으셨던지
지금까지 한시도 잊을 수가 없답니다.

졸업 후 20년 만에
벽산건설 대구 경북지사장으로 대구에 부임하니

각계각층의 중요한 보직에 종사하는 친구들이
다들 하나같이 많이 도와주시고
자기 일을 미루고까지 힘이 되어준 고마운 친구들께
감사함을 가득 담아 이 편지를 드립니다.

70을 바라보는 나이에 돌아보니
모두가 감사하고 감사한 일뿐이며
지금의 진정한 자유와 따뜻한 생활을 할 수 있는 모두가
고마운 친구들의 덕분이란 생각입니다.

지금도 그때 그 친구들의 이름만 들어도 반갑고 감사하여
더 늦기 전에 결초보은 해야겠다고 다짐을 합니다.

명문고 대구 대건고등학교가 천국에도 있다면
아마도 우리는 다들 동기동창이 될 겁니다.

끝으로 졸업 후 31년 만인 2004년 총동창회 체육대회인
'대건 가족체육대회'의 주관기수가 우리 22회라
그때의 격려 편지인 〈세상에서 가장 멋있는 남자가 됩시다〉라는
오래된 글을 전재하오니 저의 간절한 기도라 생각하셔서

어깨 쫙 펴고 하늘을 보고 당당하게 걸으며
멋있는 70대를 준비하여
세상에서 가장 멋있는 남자들이 되시기를 기도합니다.

세상에서 가장 멋있는 남자가 됩시다

저는 운이 좋게도
천하제일 명문고교인 대건고등학교를 졸업한 덕분에
분에 넘치는 좋은 친구들을 많이 만날 수 있었고,
그 좋은 친구들과 지금도 허물없이 간담상조하면서
50대 인생의 황금기를 아주 행복하게 보내고 있답니다.

그 좋은 친구들의 대표적인 인물로는
사업적으로 크게 성공하여 많은 사람들에게
사랑과 존경을 받고 있는 친구들과,
학문적으로 대성하여
남의 부러움을 한 몸에 받고 있는 친구들 등
일일이 나열하자면 수도 없이 많습니다.
일반적으로 평범한 사회생활을 하면서

교수로, 법조인으로, 공직자로, 직장인으로 또는 성직자로
각자의 분야에서 크게 성공하여 주위로부터
두터운 신임과 사랑과 존경을 받고 있는 친구들이면서
대건고등학교 22회 동기생들에게는
세상에서 가장 멋있는 남자가 되는 비결이
공통적으로 3가지가 뚜렷이 있었답니다.

그 첫 번째의 공통점은
하나같이 그들은 '흙처럼 겸손하게 산다'는 겁니다.
두 번째 그들의 공통점은 '꽃처럼 아름답게 산다'는 겁니다.
그리고 마지막 세 번째 그들의 공통점은
'벌처럼 성실하게 산다'는 겁니다.

이제 또 봄이 오고 오늘이 입춘이네요.
내가 사랑하고 존경하는 친구들께 이 편지를 드리면서
따뜻한 봄기운을 드립니다.

아름다운
어깨동무

공주시 탄천면 안골길에 있는
〈안골농장〉 임형석 회장과 저는
두메산골 경북 청도군 풍각면 안산리에 있는
풍각 서부초등학교를 1960년에 함께 입학한 동기생이랍니다.
그는 어릴 적 소아마비로 다리를 약간 저는 것 외에는
흠잡을 데 없는 참으로 훌륭한 친구라
제가 늘 존경하고 있습니다.

이번 설을 지나면서
건강하라고 안부 전화를 했더니
깜짝 놀랄 얘기를 해서 한동안

먼 하늘만 바라보고 있었습니다.

내가 그를 위해 해준 것은 아무것도 없는데도
오직 나를 위해 자기 집 바로 위에 '향우정'을 지어놓고
최고급 인테리어 최고급 가구에 황토방과
체력단련실, 최고급 승용차인 에쿠스까지 준비해두었으니
와서 제 집같이 아무런 부담 없이 언제든지 쓰라고 하네요.

그는 선천적으로 낙천적이고 심성이 고와서
학교 다닐 때도 친구들에게 인기가 많았지만
그 친구 아버님과 우리 아버님은 풍각장에 가시면
늘 만나시는 친구셨습니다.

한번은 엄친이 저에게 당부하셨습니다.
"느그 반에 임형석이란 학생이 있지?
그 학생 아버지와 내가 잘 아는 사이니까
그 친구와 티 나지 않게 친하게 잘 지내거라."

학교에서 종례가 끝나면 그의 책보와 내 책보를
내 어깨에 폼 나게 X밴드로 매고서는

우리는 어깨동무를 하고서 약 2킬로미터나 떨어진
그의 집으로 가면서 놀 것 다 놀고
미꾸라지 다 잡고 멱 감을 것 다 감고 가면
보통 3시간은 걸려서 집에 도착합니다.

그의 집에 가면 예외 없이 어머님께서
최고의 간식거리인 감자, 고구마, 홍시, 배차전,
호박전, 정구지전 등을 내어주셨습니다.

한번은 그 친구와 내가 한편이 되어서
축구시합을 했는데 우리가 이겨서 어깨동무를 한 채
들어가며 친구가 신이 나 외쳤습니다.
"엄마, 우리가 한편 먹어 축구해서 이겼다!"
그 말에 어머님은 눈물을 흘리며 기뻐하셨습니다.
"니가 축구를 했다고? 그리고 이겼다고?"

그런 어머님께서 아흔이 넘은 지금도 고향을 지키시며
친구가 갈 적마다 제 안부를 물으신다고 합니다.
"니 친구 갸는 잘 있제?"
친구는 한결같이 대답한다고 해요.

"그 친구는 서울에서 아주 잘살아요."

코로나가 숙지근하면 꼭 한번 오겠다고 약속했으니
꼭 같이 가야 한다는 얘기를 듣고는
얼마나 기뻤는지 모른답니다.

그렇게 6년을 꿈같이 보내고 그 친구는 대구로
나는 서울로 중학교를 진학하면서 헤어졌지만
방학 때는 예외 없이 붙어 다녔지요.

내가 결혼할 때도 친구 어머님께서 오셔서는
너무너무 기뻐하셨습니다.
"어디서 요런 이뿐 색시를 구했노? 잘 살으래이."
다른 분의 열 배가 넘는 축의금을 주셨답니다.

그 친구가 공주 연기지역 양돈협회
회장직에 당선되어 취임식을 할 때,
우리는 식장입구에 나란히 서서 손님을 맞았습니다.
그 친구가 저를 '오늘의 나로 키워준 친구'라고 소개할 땐
하도 민망해서, "아닙니다.

제가 더 많이 배운 친구"라며 손사레를 쳤습니다.

지난번 친구 아들도 결혼하고 우리 딸내미도 결혼하여
아버지들이 친하면 자녀들도 친하게 지내야 한다면서
그 친구가 초대하여 갔더니 얼마나 융숭한 대우를 하는지
딸내미 내외가 깜짝 놀랐답니다.

식사가 끝나고 둘이서 자연스럽게 옛날처럼 다정하게
어깨동무를 하고 나오니까 애들이 박수를 치면서
'참으로 아름다운 어깨동무'라고 난리였답니다.

나보다도 열 배는 더 훌륭하고 따뜻하고 온유한 친구의
분에 넘치는 뜻밖의 선물을 받고는 어찌할 바를 몰라
아내에게 알렸더니 참으로 고마운 분이라고
폐가 되지 않도록 유념하라고 신신당부하더군요.

이렇게 봄이 오는 아름다운 3월의 시작과 함께
경천동지할 선물을 받은 저는
참으로 행복한 사람입니다.

라일락
꽃이 피면

저에겐 라일락꽃이 피면 늘 생각나는
참으로 멋있는 친구가 한 사람 있답니다.

고등학교 동기동창인 그의 집은
대구에서도 부촌인 수성들판의 요지에 있었습니다.
잔디로 된 마당에 라일락 꽃나무를 특별히 많이 심어
이맘때 봄만 되면 그 집이 그립습니다.

그의 아버님은 유명하신 한의사로
약전골목에서 한약방을 운영하시며
자정이 특별히 많은 분이라

아들 친구인 저도 무척 아껴 주셨지요.

그 친구는 공부도 잘하고 성실해서 건축공학을 전공해
건축사에 시공기술사에 고건축기술자로
박사학위에 준하는 자격증을 3개나 소지한
아주 유능한 친구랍니다.

동기들 사이에도 정이 많아 어려운 친구에게
집을 잡혀 아파트 전세비를 빌려주기도 하였고,
사업하는 어려운 친구에게 어음까지 빌려주어 대신 막고,
친구를 직원으로 채용도 하고,
야유회 뒤풀이나 지방의 친구들이 상경하면
자신의 집에서 재워주기 일쑤였답니다.

그 친구는 사업수완도 출중하여
일찍이 S종합건설을 운영하며
큰돈도 벌어서 사회기여도 많이 하였어요.
하지만 국가부도위기인 IMF를 맞아
대형 건설사가 부도나면서 연쇄부도로 회사가
하루아침에 도산되고 말았답니다.

설상가상으로 부도금액이 많다는 이유만으로
1년 6월의 실형을 선고 받고 법정구속이 되었습니다.
친구들이 너무나 억울하고 분하다고
친목회 모임회비 500만 원을 들여서 변호사를 선임하여
항소해보았지만 소용이 없었지요.

그 친구가 얼떨결에 구속이 되고 보니
중고생인 자녀들과 어머님을 모시느라 친구의 아내는
면회나 옥바라지를 도저히 할 수가 없는 처지였습니다.

저는 담당 교도소장을 직접 찾아갔습니다.
그 친구는 박사학위에 준하는 3개의 자격증을 가지고 있으며
나는 서민 주택을 가장 많이 공급하는 회사의
임원으로 근무 중이다,
그 친구의 기술자문이 꼭 필요하므로 1주일에 한 번은
시간에 관계없이 면회를 시켜 달라.
저의 요청은 다행히 받아들여졌습니다.

그때부터 1주일에 한 번씩 그를 만나
자문도 받고 필요한 것과 가족들 안부도 전했습니다.

만기 출소하고는 그는, 나에게 최고의 선물인
건강을 선물한다며 마라톤 동호회에 가입하여
당시 국회의원이던 ○○○ 시장과 함께
몇 년을 즐겁게 뛰었답니다.

그 덕분에 건강이 몰라보게 좋아져서
지금도 한국의 히말라야라는 공룡능선도 14시간 만에
주파하는 체력을 유지하고 있습니다.

부잣집 맏아들로 곱게 자라
나눔과 베풂에 익숙한 친구라
그동안에 많은 덕을 베풀어서 바로 재기하여
지금은 참으로 유복한 생활을 누리고 있답니다.

특히 그의 자녀 둘과 조카 여섯 모두를 박사로 만들어서
세계 각처에서 한국의 위상을 별처럼 빛내고 있지요.

그의 아들이 박사학위를 받아서
최고 권위의 연구소에 입사 축하 자리에서 나는 당부했습니다.
"훈아, 그곳에는 내로라하는 석사, 박사들만 오는 데라

그분들은 대체로 고집이 세단다. 네가 사랑받고, 인정받고,
아낌 받는 확실한 길은 첫째는 인사를 잘하고, 둘째는 남의 말을
주의 깊게 경청하고, 셋째는 네 의견을 개진할 때는 겸손하고
공손하게 제시하고, 넷째는 무조건 많이 웃어라. 그러면 1년 이내에
그 공장에서 최고의 톱스타가 될 것을 내가 200% 보증한다."

그 후 6개월 만에 만났더니
"큰아빠(친구 아들은 저를 그렇게 부릅니다)가 시키는 대로 했더니
모두가 저를 너무 좋아하고 새 프로젝트가 나올 때마다
저랑 같이 하자고 난리예요."
그 말이 얼마나 기쁘고 대견하던지요.

모든 것을 다 이루고 진정한 자유를 누리며
잘 지내는 그 친구와 고등학교 때
나를 먹여주고 재워주던 김재수란 친구.
그 3김이 만나면
좋은 것은 서로 먼저 하라고 떠밀고 있으니
구시대의 3김과는 달라도 너무 다르다며
아마 우리한테 그 직을 던져주었더라도 서로서로
너 먼저 하라고 했을 거라며 웃는답니다.

돈, 명예, 지위.

모두가 소중하고 값져서 누릴수록 좋겠지만

저 같은 소시민은 이제 착륙준비를 위한

랜딩기어를 넣은 상태임을 알고 있으므로

친구들과 즐겁게 지내면서 부드럽고 아름답게

소프트 랜딩할 수 있게 해달라고 기도하고 있답니다.

이맘때만 되면,

향이 짙은 연보랏빛 라일락이 필 때마다

그 친구의 마당에서 봄볕을 즐기면서

대접으로 퍼 마시던 달콤한 수정과가 그립습니다.

봄날은
간다

통일 대한민국의
정부 종합청사가 들어설 자리는 철원 평야라며
철원에서 30년 후에 만나자고 약속하고 헤어진
정동화 전 철원군 의회의장은
저와 대구 대건고등학교 3학년 때의 절친이며
최고로 멋있는 짝꿍이었습니다.

꿈 많던 50년 전,
그 시절에 철없고 겁 없던 두 고등학생이
신성일과 신영균을 합해놓은 듯 잘생긴 한 친구는
사업으로 대성하여 철원평야의 절반을 사모아서

통일된 조국의 정부종합청사의 부지를
제공하겠다고 했었지요.

천방지축으로 겁 없고 대책 없는 한 친구는
오직 돈 많은 나라에 가서 외화를 많이 벌어 들여
조국의 부국강병에 혼신의 노력을 다하겠다고 약속하고
졸업하고 30년 후에 멋지게 만나자고 다짐하며
졸업과 동시에 헤어졌어요.

졸업 후에 일이 계획대로 잘 풀릴 때는 둘 다
나보다도 그 친구의 사업이 잘 되었으면 하고 기도했고,
일이 어렵고 힘이 들고 실패를 할 때는
나는 어려워도 그 친구는 잘되었으면 하고
기도하는 사이로 살아 왔던 친구였답니다.

그 약속을 지키려고 저는 첫 직장도
해외로 플랜트 수출을 가장 많이 하던
전엔지니어링과 신한기공건설에 취업을 했었지만
해외근무는 못 하고 해외 지원업무만 주로 했었습니다.

중동건설 붐을 타고 사우디에 스포츠센터를
가장 많이 건설한 벽산건설에 와서도
해외사업부와 해외인력부에서 해외사업지원 업무만 주로 하며
해외현장을 직접 누비고 다니지는 못했지만
잘 생긴 그 친구는 일찍부터 사업에 손을 대어
대성에 대성을 거듭하고 있다는 소식을 바람결에 들으면서
참으로 흐뭇했습니다.

약속대로 졸업 후 30년 만에
따뜻한 봄날에 그 친구를 찾아서 철원에 갔더니
놀랍게도 철원군의 유지 중의 유지, 명사 중의 명사로
존경과 칭찬이 자자하더군요.

더 늦기 전에 철원군과 군민들의 사랑에 보답하기 위하여
군 의회에 진출해서 선출직 공직자의 모범을 보이겠다고 해서
딱 한 번만 봉사하고 나머지는 더 낮은 자세로 봉사하겠다고
군 의회에 진출해서 의장으로 딱 한 번
약속대로 봉사하고 미련 없이 떠났지요.

지금은 국민건강 증진과 먹거리 보급에 크게 기여하는,

규모가 대단한 양계업을 운영하며 동기회의 모임이 있을 때마다
질 좋은 철원 쌀 한 포대씩을
모두에게 제공하고 있어요.

한탄강 얼음 축제가 있을 때마다
철새가 날아오는 한겨울엔 전 동기생들을 초청하는
친구의 넉넉한 인심에 동기생 모두는 한결같이
'철원 브라보'를 외친답니다.

오늘 같이 아름다운 봄날,
친구에게 안부를 물으면서
"계분을 치워줄 일꾼이 필요하면 연락하시게." 하면
"최고의 VIP로 모실 테니 언제든지 오시게." 한답니다.

이렇게 서로가 서로에게 멋지게 다가가고,
그리워하고, 보고 싶어 하며 봄날을 보내는
그와 저는 지금도 철없는 친구랍니다.

세상을 따뜻하게 데워주는
고맙고 반가운
내 친구들

1970년에 대구 대건고등학교에 함께 입학한
김병선, 김기성, 성명기 등 우리 넷은
앞서거니 뒤서거니 서울에 정착하면서
자연스럽게 자주 만나며 흉허물 없이 간담상조하는
최고의 멋진 절친들이 되었답니다.

건설업으로 비교적 일찍 자리 잡은 병선 친구는
건축사와 시공기술사와 고건축의 대가로
명품의 건축물을 많이 남겼으며
천성이 남의 어려움을 그냥 지나치지 못하는 성격이라
같은 고등학교 동기 중에 봉제업을 운영하다가

화재로 전 재산을 몽땅 잃었다는 J라는 친구의 소식을 듣고는
바로 자기 집을 저당 잡혀 33년 전인 1988년에 당시
소형 아파트 한 채 전세 값 정도인 거금을
선뜻 쥐어주었답니다.

꼭 재기해서 당당하게 갚으라고 격려하며 주었지만
그 친구는 사업 실패로 인한 극심한 스트레스와
건강 악화로 일찍 하늘나라로 떠나고 말았습니다.

마지막까지 친구에 대한 고마움을
죽어서도 절대로 잊지 않겠다고 했다는 말을 듣고
숙연해졌답니다.

'적선지가는 필유여경'이란 말이
병선 친구를 두고 하는 말인 듯
자녀들이 다 잘되어서 본인 자녀 둘과 조카 여섯
모두가 박사학위를 받아
각자의 분야에서 두각을 드러내고 있으니
축복받은 '팔박 명가'라고 부른답니다.

명기 친구는 강하고 알찬 최고의 기업이며
대학생들이 가장 선호하는 기업인 〈여의시스템〉을 운영하며
이노비즈 협회장을 두 번이나 역임하고
지금은 성남공단 이사장을 맡고 있어요.
고등학교 후배들을 위한 장학금과 격려금을
동기들 중 가장 많이 기탁하며
동문회의 발전기금도 아낌없이 기탁해온
참으로 마음이 따뜻한 친구랍니다.

아마도 동기들에게 밥을 가장 많이 산 친구라
박사 위에 '밥사'라는 애칭을 받고 있으며,
'하늘은 스스로 돕는 자를 돕는다'는 말은
명기 친구를 두고 하는 말인 듯하여
그저 보기만 해도 미소부터 번지는 친구랍니다.

영화배우 같이 미남인 기성 친구는
시청 앞에 본사가 있는
〈모락스 트레이딩 주식회사〉를 경영하며
우리가 고등학교 다닐 때
부친이신 김노설 교감선생님께서 봉직해 주셔서

친구들에게 최고의 인기를 누렸지요.

저는 결혼식 주례를 서주신 교감선생님을
평생을 부모님처럼 생각하고 살았으며,
결혼식 때 아내와 저의 손을 꼭 잡아주시며
"이 손 평생 놓지 말고 행복하게 잘 살아라."
당부하신 말씀을 지금도 잊지 않고 있습니다.

기성 친구에게 올해 초 우리가 나온 학교이며
아버님께서 봉직했던 모교에 〈대건문학회〉가 결성되어
연말에 문집이 발간될 예정이라 전했더니
아버님과 모교를 생각해서 거금의 후원금을 기탁해주셔서
많은 선후배들의 본보기가 되어 많은 후원금이 답지했다는
회장님의 고마운 말씀을 들었답니다.

기성 친구를 볼 적마다
'오른손이 한 일을 왼손이 모르게 하라'는
성경 말씀이 항상 떠오릅니다.

내가 한 일은 아무에게도 말하지 말라고 하는

그 친구에게서 겸손과 온유와 화평을 배웁니다.

이렇게 훌륭하고 따뜻하고 온유한 친구들과
두 달에 한 번씩 만나면서 즐거운 60대를 보내는
이 시간들이 참으로 소중합니다.

세계적인 저음가수 남일해 형님은 참으로 따뜻했습니다

〈빨간 구두 아가씨〉의 가수 남일해 형님은
저보다 대구 대건고등학교를 15년 먼저 졸업하신
올해 84세의 청년입니다.

최근에 발표한 〈내일은〉이란 노래는
지금의 코로나 사태로 실의에 빠져 있고,
눈물 나게 살아가는 많은 국민들에게
꿈과 희망을 주기 위해 만든 신곡입니다.
들으면 들을수록 마치 힘찬 희망의 행진을
하는 듯합니다.

신곡 발표의 조촐한 축하연을
후배들이 마련해드렸더니 너무 좋아하시며
무슨 복이 이리 많아 후배들께 분에 넘치도록
사랑 받고, 아낌 받고 사는지 모르겠다고
무척 만족해 하셨습니다.

고등학교 3학년 때부터 출중한 노래실력으로
전국 규모의 콩쿠르를 다 휩쓸고 다녔다 합니다.
당시 고등학생 신분으로는 전국 규모 콩쿠르에는
나갈 수가 없었지만 선배의 재능을 인정하신
은영표 세계사 선생님께서 언론 취재도 대신해주셔서
오늘이 있다고 항상 겸손해 하신답니다.

한 시대를 풍미한 인기 최고의 대중가수지만
자신에게는 철저하게 검소하고 남에겐 후덕하신 선배님은
지금도 원로가수회 회장직을 맡아
성실히 봉사하고 있으십니다.

후배들을 지극히 사랑하여 강남에 나오시면
"길동아 밥 먹자."하시는 다정한 그 한마디가

얼마나 정감이 가는지 모른답니다.

평생을 최고 인기의 방석 위에서 사셨지만
한 번도 추한 스캔들 없이 현모양처이신 형수님께
사랑받고 존경받고, 세 아들 모두에게 효도 받고,
수많은 후배들께 변함없이 사랑과 존경을 받고 사시지요.

내일의 희망을 잔뜩 싣고 출발하는
전무후무한 공전의 대히트를 예상하는
대국민 희망가요 〈내일은〉.
이 곡이 대히트하면 최고령 히트곡이 되어
기네스북에 당당하게 등재되리라고 믿습니다.
코로나로 전 국민이 실의에 빠져 힘들 때
꿈과 희망을 가지시게 만드는 이 노래를 들으면서
씩씩하게 앞으로 나아갑시다.

〈내일은〉

있으면 있는 대로
없으면 없는 대로

가는 길은 달라도
행복이 따로 있더냐
빈 술잔 채우듯이
서로가 채우며 살아가야지

산다는 게 다 그래 말을 하지만
돌고 도는 쳇바퀴
어두운 세상이 우리를 짓눌러도
희망의 내일은 밝아 온다
용기 있게 살아온 우리를 위해
함께 축배를 들어요

내일은
잘나면 잘난 대로 못나면 못난 대로
살맛나게 재미있게
미운 정 고운 정 속에
서로가 사랑하고
행복의 기쁨도 알게 되었지

산다는 게 다 그래 말을 하지만

돌고 도는 쳇바퀴

어두운 세상이 우리를 짓눌러도

희망에 내일은 밝아 온다

용기 있게 살아온 우리를 위해

함께 축배를 들어요

용기 있게 살아온 우리를 위해

함께 축배를 들어요

함께 축배를 들어요

따뜻한 밥
한 끼

40년 전인 1981년의 늦가을,
당시 사우디에 스포츠 콤플렉스를 가장 많이 건설하던
최고의 건설회사인 벽산건설에 경력사원으로 입사하여
그곳에서 먼저 입사해 근무 중이던
고등학교 때 절친인 최승환 친구를 만났습니다.

타관객지 서울에서, 그것도 같은 직장에서
고등학교 때의 절친인 친구를 만났으니
얼마나 신이 나고 즐겁고 반가웠겠습니까.

당시 벽산건설의 사옥은 명동 중앙극장 뒤편의

명동입구에 있었으므로 정문만 나서면
최고의 낭만과 문화의 거리 명동과 연결되므로
시간만 나면 붙어 다니며 젊음의 한때를
불같이 뜨겁고 즐겁게 보냈지요.

승환 친구는 토목을 전공한 토목기사였는데
어찌나 잘 생겼는지 사내의 모든 여직원들에게
단연 최고의 인기였으며, 인근의 다방과 커피숍 호텔의
종업원에게까지도 최고의 환대를 받았습니다.

저는 이미 결혼해서 아이 아빠지만
그 친구는 총각이라 온갖 인기를 다 누리며
환락의 명동거리를 누볐지요.

그런 꿈같은 시간도 잠깐,
그 친구는 실력도 인품도 인물도 출중하여
높은 경쟁률을 뚫고서 고향인 대구의 K공고에
한 명 뽑는 토목교사 선발에 합격하여
갑자기 서울을 떠나고 말았답니다.

친구가 떠나고 나서부터는
서울이 텅 비어버린 기분이었으며
고향으로 돌아가는 그 친구가 부러웠습니다.

그후로는 서로가 그리워하면서도 한 번도 못 만나고
한참 후에 같은 동기생인 S박사가
대구 동구청장 출마를 위한 선거사무소 개소식 때
스치듯 잠깐 만났지만 독실한 가톨릭 신자라
동기생 신부님과 볼일이 있다면서 헤어졌어요.

만 40년이 지난 11월 초,
대건 문학회의 출판기념회가 있어 대구에 가는데
자네를 꼭 보고 싶다고 했더니
무슨 일이 있더라도 갈 테니까
그때 만나자고 약속을 했지요.

당일 행사도 행사지만
그 친구를 만나는 게 어찌나 설레는지
일찌감치 대구에 도착해서 서성이고 있었는데
행사를 시작해도 그 친구가 보이지 않았습니다.

1시간쯤 지나서야 전화가 걸려왔습니다.
"친구야, 미안하다. 너를 보러 가려고 나섰는데 열도 나고
어지러워 도저히 못가겠다. 미안해서 어쩌냐."

"아니야, 대구야 또 오면 되니까 몸조리나 잘하시게."
그렇게 아쉬운 마음을 달래던 중이었습니다.
"자네가 대구에 왔는데 내가 따뜻한 밥 한 끼를
못하고 보내서 도저히 미안해서 견딜 수가 없다네."
그 친구가 인편으로 두툼한 봉투를 하나 보냈습니다.
그것을 받고 보니 어찌나 미안한지
이 멋진 친구가 이렇게도 나를 귀하게 생각했다니
눈물이 핑 돌았습니다.

받자마자 전화를 걸었습니다.
"이 친구야, 사람을 이렇게도 민망하고 송구스럽게 하시면
어떻게 하노? 보내려면 국밥 한 그릇 값만 보내지
왜 이렇게 많이 보냈냐?"
"민망하니 아무에게도 말하지 말고
가족끼리 오붓하게 식사나 한번 하시게."

이 돈을 어떻게 사용해야 그 친구의 얼굴이 빛날까?
대건 문학회의 출판기념회에 갔다가
못 만나서 보내 준 밥값이라 그 친구의 이름으로
대건 문학회에 당당하고 멋지게 기부하기로 했답니다.

모교에는 히말라야 설원에서 조난당한 친구를 찾아 나섰다가
끝내 주검으로 돌아온 최초의 산악 의사자
멋진 후배 백준호의 흉상이 있습니다.
그 옆에다 모교를 빛낸 기부자의 비석에
그 친구 이름을 올려 달라고 했습니다.

집에 와서는 아내와 딸과 사위와 손주 앞에서 자랑했어요.
"오늘은 대구에 사는 고등학교 동기생인 아빠 친구가
가족들과 식사하라고 두둑한 봉투를 하나 주더구나.
그 친구의 얼굴을 빛내려고 그 봉투는 통째로 대건 문학회에
기부했으니 대신 아빠가 맛있는 밥을 사주마."

평소에 말이 잘 없던 포항 촌놈인 과묵한 사위가
감동했는지 눈을 빛내며 말하더군요.
"아버님 친구 분이 가슴이 따뜻한 분이네요.

두 분의 우정이 부럽습니다."

아내도 역시 흐뭇한 표정이었습니다.

"당신은 그 친구에게 밥을 열 번은 사야겠네요."

세상에는 참으로 따뜻한 일들이 많습니다.
누군가를 위해 마음을 쓴다는 것은
주는 사람도, 받는 사람도 행복한 일이지요.
그 행복을 오래 누릴 수 있도록 해달라고
오늘밤 기도를 올려야겠습니다.

문화와 예술의 도시,
대구에서 아름다운 시화전이
열립니다

문화의 중심 대구 〈한국의 집〉에서
2021. 11월 9일부터 13일까지 대구 대건고등학교를 졸업한
문인들과 화가들이 힘을 모아 '대건문학회(회장 장태진)'의
『대건의 문학』 창간 특집으로 아름다운 시화전이 열립니다.

시화전 제목인 〈대건의 문학과 대건의 그림〉에서 알 수 있듯이
대건 출신 문인들이 글을 쓰고, 화가들이 그림을 그려서
소박하게 내어놓는 시화전이니 얼마나 아름다울까요.

올해 제13회 〈창릉문학상〉을 수상하신
선배 겸 시를 가르쳐 주신 도광의 선생님과

대건 출신 선후배들이 주축이 되어
개최되는 시화전입니다.

또한 행사기간 중 동문인 안도현 시인과
영남일보 김수영 논설위원과 〈시인과의 대화〉가
같은 장소 〈한국의 집 한옥홀〉에서 열릴 예정이오니
많이 참석하셔서 즐겨주시고, 추억을 한아름 안고 가시면
대단히 감사하겠다고 호소했습니다.

"언제나 어디서나 양심과 정의와 사랑에 살자."
대구 대건고등학교 교훈이 말해주듯
우리의 가장 소중한 삶의 가치가 무언가를
뒤돌아 생각해 보면 우리가 나온 학교가
참으로 훌륭한 인성을 길러준
명문고가 확실하다는 생각이 듭니다.

언제 어떤 형태로 만나도
대건 동문이란 이름만 들어도 반가워
따뜻한 국밥부터 한 그릇 하면서
옛날이야기 나누자고 하는 게

우리들의 모습입니다.

제가 사는 곳이 대구가 아니고 서울 촌이라
저는 12일 하루 동안
행사장인 〈대구 한국의 집〉에서 커피 봉사를 합니다.
그날 오시는 모든 분들께
평생 잊지 못할 멋진 추억과
맛있는 커피를 대접해 드릴 것을 약속합니다.

앞으로의 국가 경쟁력은
문화와 예술이 확실하다는 것이
미래 학자들의 공통적인 견해이며,
국력에 비해 노벨문학상 수상자가 한 분도 없다는 것은,
문학인 모두에게 가까운 장래에
기필코 해결해야 할 숙명적 과제이며
문학인들 모두에게 보내는 국민적 여망임을
강한 메시지로 전하고 있다고 여겨집니다.

문화와 예술을 지극히 사랑하시는 대구의 모든 시민과
전국 각지의 모든 문화 애호가 여러분들께서

이번 『대건의 문학』 시화전과 시인과의 대화를 통해

문화 예술의 아름다운 진면목을 재발견하셔서

아낌없는 사랑과 격려와 지도와

강한 채찍을 당부 드립니다.

'큰 언덕' 대구는
참으로 따뜻했습니다

참으로 오랜만에 시화전과 출판 기념회가 있어
대구의 옛날 친구들을 만나러 가려니
어릴 적 소풍 가는 기분이었습니다.

대구에 도착하는 시간에 맞추어
동대구역에 마중을 나오겠다는 친구를 만류했지요.
약속시간보다 1시간여 일찍 도착하여
혼자서 대구의 만추를 즐기려는 속내였습니다.

동대구역에서 MBC사거리를 지나서
범어동 로터리와 어린이회관의 불타는 만추를 보며

황금역까지 걸으면서 멋진 단풍과 추억을 즐겼어요.
원래는 수성못까지 대구 최고의 황금 단풍을 감상하려 했는데
점심 약속시간에 쫓겨 황급히 서둘렀답니다.

미리 와서 기다리던 대구의 양대 재벌 장 회장과 도 회장께서
반갑게 맞아주며 추운 타관객지 서울에서 살지 말고,
따뜻한 남쪽나라 고향인 대구로 오라고 강권을 하시더군요.
맛있는 점심을 대접받고 조금 일찍 행사장에 가야 한다니까
제시간에 데려다 줄 테니까 조금만 더 있자 붙잡는 바람에
자칫하면 행사시간에 늦을 뻔 했었답니다.

행사장에는 이미 많은 친구들과 선후배들이 와서 흥겨웠고
안도현 시인의 〈시인과의 대화〉 진행자였던
영남일보 논설위원이신 김수영 여성 진행자가
어찌나 신이 나고 재미나게 진행하는지
시간 가는 줄 몰랐답니다.

축하객으로 오신 대구 대건고등학교 총동창회 회장이신
경일대학교 정현태 총장께서는 칭찬을 아끼지 않으셨습니다.
"최고의 동창회 중에서도 졸업생이 뭉쳐서

문예지를 발간하는 학교는 대건밖에 없습니다.
최고의 명문이 확실하군요."

같은 동문이며 대건 문학회 회원이신
일 잘하고, 성실하고, 겸손하신 김상훈 국회의원께서는
기념사진을 찍을 때나 식사자리에서나
한사코 말석을 고집하시는 그 모습이
참으로 따뜻한 감동이었습니다.

중구 구청장이신 류규하 구청장께서는
"이렇게 아름답고 빛나는 문화행사는
매일 열려도 좋으니까 많이 열어 주시고 홍보해주십시오.
문화와 예술이 살아 숨 쉬는 중구를 만드는 데
힘을 모아주시기 부탁드립니다."
하며 같은 동문인 입장에서 떼를 쓰듯
간곡하게 부탁하고 갔답니다.

축하와 격려 속에 행사가 끝이 나고
서울로 돌아오려니까 오랜만에 고향에 와서
하룻밤 자고서 가셔야지 이렇게 가면 되냐며

정 많고 따뜻한 옛 벗들이
절대로 못 간다고 붙잡았습니다.
매일 새벽기도를 올리는데
내일은 한 달에 한 번 자녀 축복 새벽기도가 있는 날이라
도저히 빠질 수가 없어서
친구들의 진한 만류를 뒤로 하고 서울로 왔답니다.

친구들 모두가 섭섭하다고,
너무한다고 투덜거렸습니다.
"사나이들 붉은 순정을
이렇게도 무참하게 밟아버리고 떠나는구나."
동대구역까지 따라와서 표를 끊어 주고
KTX가 동대구를 벗어날 때까지 손을 흔들어 주는,
순박하고 의리 있고 겸손한 사람들이
바로 제 친구들이랍니다.

너무 고맙고 감사하고 감사하여
눈물이 피잉 돌았습니다.
내가 베푼 건 아무것도 없었는데
바빠서, 멀어서, 몸이 아파 못 온 친구들은

일일이 전화로 미안하다고 꼭 갔어야 하는데
아쉬웠습니다.

좋은 친구가 많다는 것이
이렇게도 고맙고 감사하고 행복할 줄
옛날엔 정말 미처 몰랐습니다.

더더욱 나를 낮추고 겸손해서 많은 분께
사랑받고 아낌 받고 살아가야겠습니다.

4장

세상을 비추는 한줄기 빛
-감동과 가르침을 주신 감사한 분들께

참으로 고마우신
미술선생님들께

아름다운 스승, 이방자 선생님

해마다 스승의 날이 다가오면
경북 청도 풍각중학교를 다닐 때의 이방자 미술선생님을
그리워하게 됩니다. 키도 크시고, 정도 많으시고,
미술반 학생들에게는 늘 어머니 같으셨던 선생님.
그림을 특별하게 잘 그리지도 못하는 저에게도
늘 칭찬해주시던 그런 분이셨습니다.

졸업한 지 올해로 꼭 52년이 되지만 아직도 스승의 날이 되면
그 선생님을 그리워하며 잘 지내시기를 기도한답니다.

그 선생님 덕분에 그림을 좋아하게 되었고,
컬렉터가 되고, 아들, 딸, 손주들에게 그림을 선물하고
함께 미술반에서 그림 그리던 동창생과 결혼하여
40여 년을 행복하게 살고 있으니
선생님께 늘 감사한 마음을 갖고 있습니다.

**영원히 잊지 못할
고등학교 시절의 강우문 선생님**

1970년에 천하 명문 대구 대건고등학교에 입학하여
멋쟁이 중의 멋쟁이시던 강우문(전 경북대 예술대학장)
미술선생님을 만났습니다.

특별활동은 문예반에서 하면서 단순히 미술이 좋아서
옆방의 미술실에 자주 가면서 선생님과 아주 친해졌답니다.
졸업 후 20년 만에 대구지사장 발령을 받아서
대구에 갔더니 선생님의 화실이 우리 건물에
함께 자리하고 있어서 깜짝 놀랐습니다.

그날부터 선생님의 화실은 저의 놀이터가 되었으며
청소도 하고, 물도 떠다드리고, 붓도 씻어드리고,
허드렛일은 제가 도맡아 해드렸답니다.

지사장이 선생님을 VVIP로 극진히 모시니까
전 직원이 최고의 예우를 해드렸지요.
식사도 늘 함께하며 손님이 오시면 저를 화실로 불러서
"이 건물 주인인 이 사람이 내 제자여." 하시며
무척이나 자랑스러워 하셨답니다.

2년의 임기를 마치고 서울 본사로 복귀하게 되었을 때
무척 서운해 하셨습니다.
"자네가 내 제자라서 참으로 행복했다네."
꼭 안아주시며 눈물이 글썽글썽하셔서
저도 꼭 아버지와 헤어지는 듯 마음이 아팠습니다.

건강하시라고 조그만 봉투를 하나 놓고 나오는데
같이 간 아내 손에 그 봉투를 쥐어주며,
"내 제자 김 군을 잘 부탁해요." 하시던 선생님.
아내를 위하여 그린 꽃그림을 전하시며,

"다시는 이런 그림은 그리지 않을 걸세."
하시던 말씀이 다시금 기억납니다.

그 후, 27년이 지난 올해의 스승의 날을 맞으면서
강우문 미술선생님이 그리운 것은,
선생님께서 나를 친아들같이
지극히 사랑해 주셨음을 새삼 가슴깊이 깨달았기 때문입니다.
천국에서 평강을 누리시기를 간절히 기도합니다.

5월이면 생각나는
이근우 회장님

군대를 제대하고 처음 입사한 회사가
해외로 프랜트 수출을 많이 한
전엔지니어링과 신한기공건설이었습니다.
1977년 당시에는 인력이 부족하여
골라가며 회사를 선택할 수가 있었지요.
전 해외근무를 하려고 그 회사를 선택했고
면접 때 처음으로 당시 부사장님이셨던
이근우 회장님을 만났답니다.

해외근무발령은 받지 못하고 긴급한 업무가 많은
해외송출 업무를 맡으면서 부사장님의 출입국수속과

공항출영업무로 친하게 지내게 되었습니다.

하루는, "미스터 김, 코리아나호텔에 가서
대그룹 ○○○부회장님을 만나 뵙고 이 서류 전달하고
공손하게 인사하고 오게. 내 차 타고 가서 필요하면
차는 하루 종일 사용해도 된다네." 하셨습니다.
호텔 커피숍에서 그 부회장님을 찾으니
눈이 부시게 멋있는 귀부인 10여 명이 앉아 있었습니다.
직감적으로 앗! 선보는 자리구나 싶어서
누가 되지 않게 공손하게 인사하고 재미나게 얘기하고
멋진 아가씨께 식사까지 대접하고 헤어졌습니다.

돌아와서 부사장님께 솔직하게 말씀드렸습니다.
"참으로 저에게는 분에 넘치는 과한 자리이지만,
저에게는 시골아버님께서 정혼한 자리가 있어서 그 약속을
어길 수가 없습니다. 죄송합니다, 용서하십시오."
지그시 바라보시던 부사장님께서
"참으로 반듯하구만. 자네 부친이 잘 키워서 부럽네."
하시곤 그 일은 잊어버렸답니다.

얼마 후, 고향에서 결혼한다고 부사장님께 청첩장을 드렸더니
무척 반가워하시면서 잘하고 오라고 자신의 차
토요다 슈퍼싸롱 8기통 대형승용차와 기사와
총무과장까지 붙여서 경북 청도 풍각까지 보내주시더군요.
축의금도 얼마나 많이 주셨는지 전세방을 얻고도 남았답니다.
신혼여행을 마치고 돈암동자택으로 찾아뵈었더니
친 자부처럼 좋아하시고 기뻐하셨답니다.

신혼집을 보고 싶다고 오시면서는 갈비를 짝으로 사 오셔서
이웃들과 신나게 나누어 먹기도 하고
매년 설과 추석 때는 늘 인사를 드리려 가면
특별히 아들을 친 손주처럼 아껴주셨지요.

그러다 회사가 대우계열사로 인수합병이 되면서
부사장님께서는 W그룹사 최대주주로 회장 취임을 하셨답니다.
저도 6개월쯤 지나서 벽산건설 경력사원으로 일하고 있는데
기사를 보내서 회장님께서 찾으신다고 해서 가서 뵈었지요.
"우리 회사에 와서 나랑 같이 근무하면 어떨까?"
그 말씀이 무척이나 감사했었답니다.
"회장님, 저는 전공도 다르고 경력도 일천하여

회장님의 기대에 부응하기에 많이 부족합니다.
전문가들을 잘 선임하셔서 회장님의 사업보국을 꼭
실현하시기를 기도하겠습니다." 하고는 고개를 숙이고 있으니
"그래 당당한 자네가 보기 좋네."
하시며 어깨를 두드려 주셨습니다.

퇴임하시고 여주농장에 주로 계셔서 찾아뵈었더니
노환으로 시력은 잃으셨지만 아내의 손을 꼭 잡으시고,
"고마워요. 착한 남편과 아들딸 잘 키우고 여주를 지날 때는
언제든지 들르세요." 하신 말씀이 마지막이었습니다.

지금도 회장님 이야기가 나오면 아내가 더 많이 고마워한답니다.
재작년에는 휴가지에서 돌아오다 여주휴게소를 들렀는데
집에 다 와서 아내가 무릎을 탁 쳤습니다.
"내가 정신이 없나 봐요. 여주휴게소에서 회장님 얘기만 하다가
차를 타며 회장님 별장인 줄 알고 신발을 벗어놓고 탔어요."
하기에 "회장님께서 또 오라고 신발을 숨기셨나 보네요.
또 옵시다." 하며 웃었답니다.

감사의 달, 사랑의 달, 보은의 달, 가정의 달인 5월은

고맙고 감사한 분들이 많이 생각나는 참 좋은 달입니다.
모두에게 축복이 넘치는 5월은 하루하루가 행복합니다.

보훈의 달 6월에 돌아보는 행복했던 나의 군대생활

내가 학교를 휴학하고 입대한 때는 염천의 8월이었습니다.
대프리카로 유명한 대구 성서의 50사단 신병교육대라
처음부터 더위와의 전쟁을 치렀습니다.

하지만 늘 오침시간이 있어서
친구들과 부모님께 편지 쓰는 것을 낙으로 지냈습니다.
그렇게 훈련을 마치고, 물 흐르는 대로 가다 보니
의정부 보충대를 거쳐 가평 제3하사관학교에
늦가을에 단풍과 함께 배속되었답니다.

전입첫날 인사처 최고참이

"너는 인사처에 근무하고 보직은 처장님 당번병이니
처장님 숙소에서 함께 근무할 테니까
처장님께 신고하러 가자"고 하시더군요.
그때 처음 만난 윤영만 대령님이
얼마나 미남인지 참으로 눈이 부시게 멋있었답니다.

약 2년 가까이 처장님을 모시면서
참으로 진정한 부하 사랑과 최고의 국방력은 인적자원이며,
최고 전투력은 사기진작이라고 하시면서
하사 후보생 모두를 최고의 분대장으로 양성하기 위한
모든 노력과 지원을 다하셨답니다.

처장님께서 승진하셔서 군사령부로 떠나시며
"김 병장, 고생했어. 제대도 다되어 가니까 공부도
하고 취업준비도 해야 하니까 PX에 가서 근무하다 제대하게.
내가 관리장교에게 부탁했네. 꼭 성공하시게."
내 손을 꼭 잡고 몇 번이나 당부하셨답니다.

그래서 PX에 가서 근무하는데
늦게 전입 온 미안함으로 유격 등

힘든 교육훈련과 보초근무는 내가 솔선해서 하며
동료들과 아주 잘 지냈지요.

선임들을 지극히 잘 모셔서 전역 때마다
추억의 앨범들을 정성껏 만들어 드렸더니
내가 전역할 때는 선임병 10여 명이 전역 축하 차
부대에까지 마중 오셔서 1박2일 동안 함께 지내며
이대로 헤어지면 안 되니까 2달에 한 번씩 만나게
군대서 만난 인연이니 '군친회'를 하나 만들자고 했습니다.

그때 만들어진 군친회가 45년이 지난 지금도 건재하며,
회장님인 김희극 원사님, 백상기 하사님, 맹용호 병장님,
유대환 병장님, 이응의 병장님 그리고 저와
막내인 김희진 병장으로 7인의 용사들은 사회 각계각층에서
별처럼 빛나는 역할을 다하고 있답니다.

지금은 남자들보다 아내들이 더 친해서
1년에 한 번씩은 해외여행도 부부동반으로 다니며
3년 전 라오스를 가서는 짚라인 조교로
제가 잘 가르쳐 주어서 즐겁게 다녀왔지요.

가는 곳마다 특별히 운이 좋았던 저는
만남의 소중함에 특별히 감사한 마음을 갖고 있습니다.
한 번 인연은 영원한 인연이며 저를 이끌어 주시던
김희극 원사님께서는 제 아들이 군에 가서 훈련받고
7사단 포병대대 PX 관리병으로 근무하게 조치하시고
전역을 하셨으니 얼마나 아름답고 좋은 인연인가요.

군에 다녀온 대한민국의 모든 남자들은
훈풍이 불어오는 호국보훈의 달 6월이 다가오면
저마다의 군생활로 감회가 새롭고
그때가 그리울 겁니다.

그때를 추억하며 호국영령들에게
머리 숙여 감사의 묵념을 올립니다.

고향, 그 아름다운 곳! 경북 청도를 위하여

누구나 저마다 자신의 고향이
최고로 아름답고 좋다고 여기겠지만
저에게는 특별히 저의 고향 경북 청도가
아름답고 자랑스럽습니다.

맑을 '청', 길 '도'가 상징하듯
맑은 영혼의 소유자들이 많이 사시는 고을이지만
그 중에서도 가장 맑은 영혼의 소유자이신
청도군 운문면에 소재한 〈영담 한지미술관〉을 운영하시는
영담 스님께 고마움과 감사함을 전합니다.

영담 스님과는 SNS인 페이스북 친구로
서로 간담상조하며 지내는 친한 사이지만
저의 게으름으로 한 번도 뵙지는 못했습니다.
하지만 제가 정말 사랑하고 존경하는
다재다능하신 고향 스님이랍니다.

이번에 스님께서 청도의 구석구석을 다니시며
청도 반시골 어르신들의 '추억 그림 이야기책'을 발간하셨는데
50분 어르신들 한 분 한 분의 이야기와 그림이
살아있는 역사요, 간증이요, 눈물이요, 회한이었답니다.

지금까지 이 책만큼 진한 감동을 준 책은 없었으며
이 책이 나오기까지 수고하신 영담 스님의 노고에
고개 숙여 깊은 감사를 전합니다.

아침 식사를 잊어버리고
눈물을 줄줄 흘리며 책을 보고 있으니
아내가 무슨 책인데 그렇게 감동을 하느냐며 뺏어 보더군요.
"우와, 이건 우리 엄마 우리 할매들의 이야기네요."
오히려 아내가 책을 놓을 줄을 모르고 읽으면서

눈이 벌겋게 되도록 눈시울을 붉혔습니다.

같은 연배의 올해 91세가 되신 장모님께서
아직 정정하게 고향인 청도군 각남면을 지키고 계시니
자주 찾아뵈어야겠다는 마음이 절로 들었습니다.

이 책은 장정도 화려하고 내용도 너무 좋아서
가보처럼 소중히 간직하며
자녀들의 효도정신의 고취를 위해서도
꼭 읽도록 권면하도록 하겠습니다.

아카시아 향기를
가득 담은 이 편지를
서찬수 박사님께 드립니다

뒷산에 아카시아가 흐드러지게 피는 이 좋은 계절에
집필에 전념하시는 서 박사께 위로의 박수를 보냅니다.

자신과의 약속을 철저하게 지키시는
이 시대 최고의 멋있는 선비님이라
발표하실 좋은 책 『대구경북 문화/대구경북
사람/대구경북 미래』의 순조로운 출간을 기원합니다.

'고수는 고수를 단번에 알아본다'는 말을
저는 진리라고 생각합니다.

얼마 전 우연히 사석에서 대기업 경영자문을 많이 하시는
유명하신 경영학 교수님 한 분이 물어오셨습니다.
"자네 고향이 대구 쪽이니 혹시 서찬수 박사를 아시는가?"
저는 깜짝 놀라게 반가웠습니다.

"그 친구와 저는 고등학교 동기생이지만
제가 존경하는 멋있는 친구랍니다.
그 친구는 경제학 박사학위를 받자마자
바로 '대구경북 개발연구원'에 들어가서
오직 '미래로 나아갈 우리 삶의 발전 연구'에만 전념했지요.

퇴직 후에는 국가와 연구원에서 받은 모든 경험과 지식은
공공재란 생각으로 모든 임명직 단체장이나 선출직 제의도
정중히 사양하고 총명이 더 흐려지기 전에 고향인 대구
금호강 기슭에서 집필에만 전념하고 있습니다."
그 교수님도 고개를 끄덕이셨습니다.
"이 시대에 보기 드문 훌륭한 인재시군."

지난 어버이날에도 안부 전화를 드렸더니
막바지 탈고를 위하여 혼신의 노력을 다하고 있다고 해

든든하고 고맙고 감사한 생각이 들었답니다.

아무리 코로나 사태가 엄중해도
방역수칙을 철저하게 준수해서
탈고를 하고 나면 곧바로 달려가서 김광석 거리에서
파전에 불로막걸리 한잔을 사드리기로 했답니다.

나이가 들수록 친구들의 소중함을 절실하게 느끼지만
서 박사를 만날 때마다 느끼는 일관된 감정은
헤어지고 돌아오면 점점 더 기분이 좋아진다는 겁니다.

어떤 친구들과 어울려서도 좌우동서를 막론하고
절대로 논쟁에서 이기려 하지 않고 항상 경청해주고
상대방의 입장을 충분히 살려주고
자신의 의견을 겸손하게 피력하여
감동과 박수와 칭찬과 격려를 받고 있답니다.

또한 하반기에는 살공행마로
『살기 좋은 공동체/행복한 마을』을
연이어 집필한다고 합니다.

이번 두 권의 책은 딱딱한 경제이론이 아닌
달달한 수필 형식으로 집필한다니
산고의 아픔이야 친구가 겪더라도
옥동자를 기다리는 시어른의 입장이라
입이 귀에 걸려서 아무데서나 실실 웃고 다닌답니다.

학문적으로나 사회적으로나 가정적으로나
하나같이 성공하고 대성하여
친구들이나 선후배들에게까지 사랑과 존경을
한 몸에 받고 있는 서 박사께
응원과 격려의 이 편지가
피로 회복제인 시원한 박카스가 되었으면
하고 기대해봅니다.

별처럼 빛나는
재능기부

지난 8월 14일 광복절 전야에
저는 별처럼 빛나는 재능기부 현장에서
행복한 경험을 했었답니다.

아름답기로 유명한 송추계곡유원지 안에 있는
〈나눔 갤러리 블루〉에서 '말 그림'의 작가로 유명한
유미정 작가의 개인전 오프닝 행사에 초청받아 갔었습니다.
가을이 일찍 찾아오는 송추 계곡의 풍광도 아름다웠지만
'항상 이제부터 시작'이라는 겸손한 마음을 가진
시인 겸 화가인 유미정 작가를 후원하기 위한 참석자들이
모인 아름다운 자리였지요.

평소 그림을 좋아해서 여러 갤러리를 다녀봤지만
이번의 오프닝은 참으로 감명 깊었습니다.

장래가 촉망되는 유능한 한 사람의 화가를 위하여
세계적인 유명한 바이올리니스트이며
창원대 명예교수인 김한기 교수께서
유미정 작가의 시에 곡을 붙여
신곡을 선보이는 재능기부를 하셨답니다.

소프라노 인수연 씨의 열창과
만삭의 몸으로 재능기부하시는 인형경 피아니스트의 반주로
참석자 모두가 감동하여 기립박수로 환호하였지요.
앵콜 연호로 예정에도 없던 앵콜 송으로
화답하시는 모습을 보면서
재능기부의 아름다운 진면목을 보았답니다.

고등학교 동창이며 절친인 김한기 교수는
국내에 있을 때나 교환 교수로
캐나다나 외국 어디에 있더라도
한국의 멋을 살려 훌륭한 곡을 만들어

세계에 알리고 보급하는 애국자입니다.
음악을 통해 국위를 선양하는 멋있는 친구이지요.

별처럼 빛나는 최고의 작가인
유미정 작가의 오프닝을 마치고
가을이 내리는 아름다운 송추계곡을 떠나오면서
멀리 비치는 석양은 사람이 어떻게 살아야 아름답게 사는지
가르쳐 주는 듯했답니다.

시와 그림과 음악이 만나면
이렇게도 아름다운 하모니를 이루고
사람들을 행복의 도가니로 몰아넣는다는 사실을
고희를 바라보며 처음 알았답니다.

최고의 작가 유미정 작가님,
최고의 바이올리니스트 김한기 교수님,
최고의 소프라노 인수연 교수님,
최고의 피아니스트 인형경 님.
덕분에 참으로 행복했습니다.

임종식 경북 교육감님께
감사의 인사를 드립니다

존경하는 교육감님,
저는 경북 청도군 풍각면 안산2동 녹평리에서 태어나서
중학교 때까지 시골에서 자라고 대구에서 공부하여
지금은 서울에서 살고 있는 전형적인 시골 촌사람입니다.

제가 다니던
풍각 서부초등학교는 오래 전에 폐교가 되었지만
풍각면에 3개이던 초등학교가
풍각초등학교 하나로 통합되었습니다.

일 년에 최소한 고향을 대여섯 번은 가는데

갈 때마다 폐교가 된 교사를 바라보며
'저 곳을 항상 드나들 수 있는 문화 공간으로 변모시켰으면.'
하는 바람을 늘 가지고 있었습니다.

그런데 어제는 2주에 한 번씩 열리는 〈한국미술재단〉의
감사 선물전에 갔다가 황의록 이사장을 만났는데
깜짝 놀랄 반가운 소식을 듣고 감사하여
이 편지를 드립니다.

'경북교육청'과 '한국미술재단'이 힘을 합하여
경북 도내 15개 초등학교에 '학교 내 작은 미술관'을 설치하기 위한
양해각서(MOU)를 체결하기로 했다는 소식을 듣고서
얼마나 좋아했는지 모릅니다.

'한국미술재단'의 황의록 이사장님은
서울의 유수한 대그룹의 경영자문을 맡고 계시고,
아주대학교 경영학 명예교수이시며
'한국미술재단'의 전신인 한국화가협동조합을 이끌며
화가들에게 꿈과 희망을 심어 주었습니다.

뿐만 아니라 '한국미술재단' 소속 작가님들은
국내 최정상급의 작가들로 그들에게 미술지도를 받는
경북의 초등학교 학생들은 아마도
평생을 잊을 수 없는 영광과 추억이 될 것입니다.

제가 다닌 초등학교에는 미술선생님이 별도로 없었습니다.
풍각중학교에 입학하여, 지금은 고인이 되신
이방자 미술선생님을 만나서
평생 잊지 못할 추억과 열정을 배웠습니다.

존경하는 교육감님,
교육감님께서는 이번의 '한국미술재단'과 협조하여 15개 초등학교에
'학교 내 작은 미술관'을 개설하시면 역대 경북교육감 중에서
최고의 교육감님이 되시리라고 확신합니다.

아울러 '그림 한 점으로 세상을 따뜻하게'란 캐치프레이즈를 걸고
무료봉사하시는 '한국미술재단' 황의록 이사장님은
경력으로나 인품으로나 이 시대 큰 어른이시라
저는 무척 존경하고 있답니다.

끝으로
교육감님께서는 경북교육이 한국교육의 표준이 되게 하시려고
현장 위주의 교육에 솔선수범하신다는 기쁜 소식을 접하고
축하와 격려를 보내고 있답니다.

저의 고향이 경북이라 자주자주 가게 됩니다.
'학교 안 작은 미술관'이 설치되면 갈 때마다 찾아가고
동기들인 김태오 교수, 김진현 교수, 김병하 교수,
특별히 경북교육에 관심이 지대한 성남공단 이사장인 성명기 회장과
꼭 한번 찾아뵙고 인사드리겠습니다.
감사합니다.

그해 여름,
불행을 행복으로 바꾸려는
모든 분들을 위하여

2021년의 여름은 아마도 모든 분들에게
최악의 시간이었을 겁니다.

아열대 기후를 방불케 하는 혹서의 고온다습한 기후에
마스크까지 착용해야 생활을 해야 했지요.
처음 겪는 코로나 팬데믹으로
사회적 거리두기란 신조어가 생겼고
친척과 친구와 선후배와 직장 동료와의
모든 관계 단절을 엄명하여
어길 시에는 위법 처리를 경고 받았습니다.

어렵고 힘이 들어 교회에 나가서 하나님께 울면서
새벽기도를 드리려 해도 당국의 명령에 의해
교회 문도 굳게 닫혀버렸습니다.

그 무렵에 두 돌을 맞는 손주에게 선물 하나 사주려고
하남 스타필드 백화점에 모처럼 나갔다가
지하 주차장에서 발목 골절을 당한 아내를 간호한다고
직장에도 못 나가고 아내와 3살 손주를 돌보느라
비지땀을 쏟았던 기억이 생생합니다.

그나마 대기업인 신세계 그룹의 사회적 책임을 다하는
기업 윤리를 믿었는데 치료비도 다 안 주려고
요리조리 발뺌하는 횡포와 손해사정사와 보험회사의
비윤리적 직업관에 더욱 생땀을 뺐습니다.

결혼한 딸내미의 마음씀으로
한결 편한 시간을 보낼 수 있었습니다.
"엄마, 우리 집에 오셔서 몸이 다 낫고
시원한 가을이 돌아오면 집으로 가세요."

아내가 병원에서 퇴원하고
바로 딸의 집으로 거처를 옮겨서 5개월을 함께 생활을 하며
전화위복의 참뜻을 이해하게 되었습니다.

6시에 기상해서 아내의 재활치료를 한 시간 도와주는데
결혼하고 40년이 넘어서도 이렇게 애틋하게
아내에게 고맙고 감사한 일이 없었다는 생각이 들었습니다.
여러모로 그만 하기 천만다행이란 생각으로
가슴을 쓸어내렸습니다.

매일 아내와 단 둘이서 아침식사를 하다가
다섯 식구가 모여 식사를 하니
사람 사는 맛이 절로 나더군요.
"할매 조아. 합부지 조아."
한창 귀여움을 떠는 외손녀와
함께하는 기회를 주신
하나님께 감사기도 드리지요.

코로나 확산 방지를 위하여
자연스럽게 집에서 아내와 손주를 돌보다 보니

말 잘 듣는 남편과 좋은 할배가 되어
나날이 행복했습니다.

"당해서 못 당할 일이 없다."
이 옛말처럼 어떠한 고난과 시련이 오더라도
생각하기 나름입니다.
무슨 일을 만나든지 감사하며 살다보면
행복은 저절로 뒤따라온답니다.

3천 번의 감사인사

2022년 새해를 허락하신 하나님께
제일 먼저 감사하고 감사합니다.

제가 섬기는 〈주님의 교회〉는 잠실
종합운동장 앞에 있는 정신여고 대강당을 사용합니다.
운동장을 주일날은 주차장으로 사용하므로
주차공간이 참 넓습니다.
제가 맡은 주차 안내 봉사직은 너무 행복한 봉사입니다.
교회에 나오시는 성도님들을 제일 먼저 만나는 자리라서
참 좋습니다.

제가 차를 가져가면 주차 자리가 하나 부족하니
첫 버스로 5시 반경에 도착하여
중보기도실에서 6시 반까지 한 시간 기도하고
7시부터 시작하는 1부 예배를 드리고 나서
9시의 2부 예배와 11시의 3부 예배까지
주차 안내 봉사를 한답니다.

코로나 펜데믹 속에서도 하루 평균 천 대 이상
많은 차들이 들어오므로 주차안내 요원들은
각자의 자리에서 늘 바쁩니다.

입차할 때 고개 숙여 인사하고,
내리시면 잘 오셨다고 인사하고,
출차 때는 고맙다고 인사하고,
나갈 땐 잘 가시라고 인사하고.
하루 동안 최소한 3천 번은 인사를 하지요.

눈이 내린 혹한의 추위에는
추위를 이기려고 제자리 뛰기를 두세 시간 하고 나면
등허리에 땀이 나고 훈훈해진답니다.

어린이들이 고맙다고 인사하고,
가끔 성도님들이 더울 때는 냉커피를
추운 날에는 따뜻한 핫팩과 군밤을 주시면
더욱 더 즐겁고 행복해집니다.

가끔 직원들이 묻습니다.
"형님은 칠십이 다 되어 가는데
어떻게 목에 주름이 하나도 없어요?"
"인사를 잘 하면 목주름이 안 생기고, 특히 교회에서
주차 안내 봉사하며 하루에 3천 번의 감사인사 하다 보면
있던 주름도 없어져서 20년은 젊어진다네.
어디 그것뿐인가? 제자리 뛰기 하루에 만 번만
매일 하면 나처럼 한국의 히말라야란 공룡능선도
14시간 안에 주파하는 주력을 가질 수 있지."

스스로 즐겁게 봉사하면 그 자체가 행복하고
즐겁답니다. 젊어지는 건 덤이구요.
하루도 빠짐없이 새벽기도로
하나님께 감사기도 드린답니다.

가족, 그 소중함을 위하여

발행일 2022년 3월 30일

지은이 김길동
발행인 이수하
펴낸곳 마음시회
편집　임유란

등록 2021년 4월 12일(제2021-00012호)
주소 서울시 마포구 월드컵로 41-1 정일빌딩 4층
전화 02-336-7462
팩스 0504-370-4696
이메일 maumsihoe@naver.com

ⓒ 김길동 2022

값 15,000원
ISBN 979-11-974446-7-8 (03810)

잘못된 책은 바꾸어 드립니다.
이 책의 판권은 저자와 마음시회에 있습니다.
양측의 동의 없는 무단 전재와 복제를 금합니다.